TAMANACO LIBROS TECNICOS
C.C.C.T. NIVEL C-2
Caracas
Telf.: 959.47.47 - 959.00.16 - FAX: 959.56.36
"sirviendo por el conocimiento humano"

ARREGLOS CREATIVOS PARA LAS VENTANAS

Título original en inglés:
Creative Window Treatments

© Cy Decosse Incorporated, 1992
© Lerner Ltda.
© Ediciones Monteverde Ltda., 1994
Para la primera edición en castellano
Calle 8B No. 68A-41
A.A.8304 - Tel.: 2628200 - Fax: (571)2624459
Santafé de Bogotá, D.C. - Colombia

Equipo editorial para la edición en castellano

Director general: Jack A. Grimberg Possin
Gerente editorial: Fabio Caicedo Gómez
Editora: Martha Forero Sánchez
Director creativo: Juan Vanegas Rodríguez
Coordinador producción: Edgar Urrego Ruiz
Traducción: A.N.S.F. Traducciones
Revisión técnica: Carlos E. González Jiménez
Armada electrónica: Francisco Chuchoque Rodríguez

ISBN: 958-9345-12-3 Obra completa
ISBN: 958-9345-16-6 Tomo
Versión en castellano.

Impreso por Lerner Ltda.
Santafé de Bogotá, D.C. - Colombia

Impreso en Colombia
Printed in Colombia

ARREGLOS CREATIVOS PARA LAS VENTANAS

45 Proyectos e Ideas

EDICIONES
MONTE
VERDE

CONTENIDO

Arreglo básico de ventanas

Diseños para el arreglo de ventanas

Arreglos y accesorios para altos de ventanas

Alternativas en el arreglo de ventanas

SELECCION DEL ESTILO

Los arreglos para ventanas constituyen una parte integral de un proyecto de decoración. Las ventanas con hermosos arreglos enriquecen el estilo de las salas. Algunas sirven de telón de fondo para otros elementos decorativos de la sala, en tanto que en otras ocasiones, son el punto focal. Las opciones para los arreglos para las ventanas son virtualmente ilimitadas, desde las cortinas aireadas de tejido abierto hasta las gruesas cortinas forradas y los arreglos superiores de las ventanas.

Además de mejorar el esquema de decoración, los arreglos de ventanas cumplen varias funciones: Algunos pueden filtrar la luz del sol durante el día y en las noches aislar el panorama de oscuridad reinante. Pueden permitir la circulación de aire fresco en la sala o brindar una protección de las condiciones del tiempo o aislar los ruidos. Un arreglo para ventanas puede ser el marco para una hermosa vista o bien puede oscurecerla para brindar privacidad. Así mismo, puede realzar detalles arquitectónicos o aumentar el ancho o la altura visual de una ventana.

Algunas ventanas abren y cierran deslizándose hacia arriba y hacia abajo, otras lateralmente, e incluso algunas son de balanceo. Si desea ventanas que dejen fluir el aire girando los vidrios, seleccione un tipo de arreglo que corresponda.

No todas las ventanas necesitan arreglos. Agregue postigos a fin de complementar los marcos de madera de la ventana o si se trata de una hermosa vista y no se compromete la privacidad, podría grabar la esquina de un vidrio y colocar en la ventana una planta para realzar la vista.

La selección de las telas y de los accesorios ha de afectar el grado de formalidad o informalidad del arreglo. Por ejemplo, un drapeado elaborado de tapiz y colocado sobre un paral de elegante acabado resulta un arreglo formal y elegante, mientras que un drapeado de algodón con un paral y postigos de madera tendrá un efecto informal y descomplicado. Los arreglos transparentes y otros sin forro permitirán mayor luz y aire que aquellos que vienen forrados. No obstante, el forro proporciona un cuerpo extra, con lo cual da una apariencia más individual además de que ofrece sensación de aislamiento.

ESTILOS DE ARREGLOS PARA VENTANAS

Las ventanas de doble riel vertical o con batientes son los tipos más comunes que se usan en las casas. La elección o las combinaciones de los arreglos son virtualmente ilimitadas para decorar estos tipos de ventanas. Para dejar operacional el manejo de las ventanas, seleccione arreglos que no interfieran al subir y bajar las ventanas de doble riel vertical o al abrir las ventanas con batientes.

Ventana de doble riel vertical.

Ventana con batiente.

Persiana romana casual y doselera (pág. 58).

Cornisa cubierta en tela (pág. 93) y persiana plisada.

Doselera escalonada (galería escalonada) (pág. 84) y persiana plisada.

Cortinas elaboradas con sábanas (pág. 69).

Cortinas con amarres elaboradas con sábanas (pág. 69).

Doselera escalonada (pág. 84) y postigos con insertos (pág. 119).

Persiana de encaje vaporoso (pág. 64).

Doselera arqueada de riel entubado (guarda riel) (pág. 83) y postigos pintados (pág. 119).

Persiana romana casual (pág. 58) y cornisa con molde cubierta con tela (pág. 93).

Drapeado (pág. 75) y postigos pintados (pág. 119).

Cortinas con riel entubado (pág. 27) y doselera elaborada con manteles (pág. 89).

Cortina pesada con plisado de copa (pág. 47).

Cortinas con tiras de amarre (pág. 53).

Drapeado con chorreras anudadas (pág. 79).

Velo de caída libre (pág. 34).

Repisa en la parte superior de la ventana (pág. 116).

Vitrales con relieve (pág. 120).

Doselera elaborada con manteles (pág. 88).

Panel de cortina de riel entubado con nudo (pág. 31).

Cortinas con tiras de amarre (pág. 53) y doselera (pág. 83).

Cortinas de riel entubado (pág. 27) y amarres (pág. 104).

Cortina pesada con dobles plisados (pág. 46).

Doselera escalonada con fruncido (pág. 86).

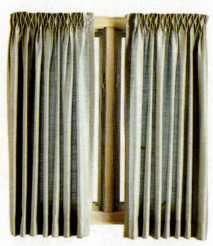

Velo de caída libre (pág. 34).

Cornisa de manga abierta (pág. 99) y persianas plisadas.

Vidrio grabado (pág. 125).

Cortina de riel entubado (pág. 27) y arreglo floral en la parte superior (pág. 101).

Drapeado (pág. 75) con paral y terminales cubiertos en tela (pág. 108).

Cortina de riel entubado con nudo (pág. 31) y cornisa empapelada (pág. 97).

Cortinas de riel entubado (pág. 27) con amarres guirnalda (pág. 105).

Drapeado con argollas para toallas (pág. 78).

Repisas (estantes) de vidrio (pág. 116) y cortinas estilo bar (pág. 30).

Drapeado (pág. 75) con cortinas de riel entubado (pág. 27).

ESTILOS PARA VENTANAS ESPECIALES

Algunas ventanas requieren de arreglos especiales. Para una ventana que es única en estilo o forma, seleccione un arreglo tal como vidrio grabado, que la realza sin taparla completamente. Para ventanas múltiples, un arreglo de ventana individual las puede unificar. Para las ventanas sobre las puertas de los patios, los arreglos no deben interferir con la operación de las puertas.

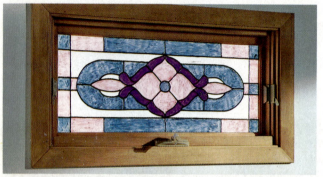

La ventana marquesina puede ser embellecida con vitrales de relieve *(pág. 120), lo cual ofrece privacidad.*

Las ventanas múltiples unificadas con cortinas pesadas plisadas *(pág. 39), tienen una apariencia tradicional y sofisticada.*

La ventana doble es unificada usando un drapeado *(pág. 75) que ofrece la libre entrada de la luz y permite visibilidad. Las cortinas estilo bar (pág. 30) añaden privacidad.*

La ventana de cocina tiene una apariencia casual, cortinas elaboradas con toallas de cocina *(pág.71).*

La ventana marquesina es realzada con vidrio grabado *(pág. 125).*

La ventana salediza está enmarcada, en la parte superior con una doselera de riel entubado *(pág. 82), el acompañamiento de las cortinas estilo bar (pág.30) es fácil de instalar dentro de las partes saledizas con rieles de tensión.*

La puerta francesa arqueada *es personalizada con un elegante dibujo grabado en vidrio (pág. 125).*

La puerta corrediza *que da al patio, se caracteriza con un arreglo floral que va en el dintel (pág. 100) para realzar los jardines interiores. Las persianas plisadas se elevan cuando se usa la puerta.*

La ventana salediza *se realza con cortinas fruncidas con amarres (pág. 34) las cuales encajan dentro de la parte saliente.*

La puerta que da al patio, *con postigos (pág. 119), se mantiene abierta para resaltar la abertura.*

Las ventanas esquineras *son unificadas mediante velos drapeados de caída libre (pág. 34).*

INSTALACIONES NECESARIAS

Los accesorios que usted seleccione pueden ser decorativos y funcionales. Para elaborar los arreglos de ventanas se pueden utilizar los tradicionales parales con terminales detallados así como soportes de amarres. Y los implementos contemporáneos y lustrosos son los más adecuados para una apariencia más acogedora. Si desea una apariencia creativa no tradicional, se tienen opciones como las decorativas argollas para toallas (pág. 78), cornisas de manga abierta (pág. 99), u otros artículos como accesorios.

Seleccione el tipo de accesorios que necesita antes de medir para el arreglo de una ventana. La longitud de corte de las cortinas variará, dependiendo de los accesorios que se vayan a utilizar.

RIELES PARA CORTINAS

Los rieles estrechos para cortinas son usados para arreglos de ventanas de riel entubado. Cuando se usen telas muy delgadas, seleccione un riel de plástico claro o transparente el cual no se verá a través de la tela.

Los rieles anchos de cortina son aprovechables en anchos de 6,5 cm (2 1/2") y 11,5 cm (4 1/2"). Añaden interés al arreglo de ventanas de riel entubado (o guarda riel). Los conectores de las esquinas hacen más adecuados a estos rieles para las ventanas esquineras y de mirador.

Los rieles de tensión, usados dentro de los marcos de las ventanas para las cortinas estilo bar y doseleras, están sostenidos en su lugar por la presión ejercida por un resorte dentro del riel. Como éstos no utilizan soportes de pared, no hay riesgo de dañarse las molduras.

Los rieles para marcos de ventanas usan soportes los cuales son instalados no muy profundamente, de modo que el arreglo de ventana quede cerca al vidrio. Los hay planos o redondos, se usan comúnmente para estrechar las cortinas sobre las puertas.

Los rieles estilo bar, son usados con o sin argollas. Disponibles en varios acabados, incluyendo en aleación y esmalte, son usados para arreglos de ventanas de correr manualmente como en cortinas con tiras de amarre.

El juego de parales con argollas se encuentra a disposición en varios acabados o rústicos. Los parales pueden ser usados con terminales o codos.

RIELES TRAVESAÑO PARA CORTINAS PESADAS

Los rieles travesaño convencionales se encuentran en tonos blanco, marfil y madera.

Los rieles travesaño contemporáneos tienen acabados perlados y metálicos en varios colores.

El juego de parales travesaño en bronce, con o sin argollas, se consigue en varios estilos. Los parales son planos o aflautados.

Los juegos de parales travesaño de madera se encuentran disponibles en varios acabados con argollas.

Los rieles travesaño flexibles son usados para cortinas pesadas plisadas sobre ventanas miradores o saledizas. Un riel flexible individual se instala fácilmente sobre una abertura salediza.

El juego de parales travesaño se presenta en colores blanco o negro, tienen una apariencia de escultura clásica.

ACCESORIOS PARA LA INSTALACION

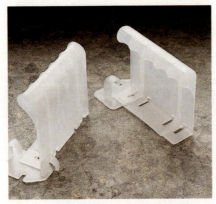

Los sujetadores de amarres ocultos se ubican detrás del último doblez del pliegue o de las cortinas pesadas de riel entubado para prevenir que los amarres aglomeren las cortinas pesadas. La proyección es ajustable.

Los sujetadores de amarre decorativo son usados en lugar de los amarres de tela, para mantener las cortinas en su lugar. También pueden ser usados para arreglos de ventanas drapeadas.

Los sujetadores de drapeado soportan los pliegues de la tela en arreglos de ventanas con drapeados.

INSTALACION
DE ACCESORIOS

Coloque los rieles para telas pesadas con soportes (ménsulas) para evitar que se arqueen. Por lo general, los soportes se colocan a intervalos de 115 cm (45") o menos, a través del ancho del riel. Siempre que sea posible, atornille los soportes dentro de los espárragos de pared. Si es necesario colocar los soportes entre los parales de tabique de la pared, dentro de un encajado sin mezclas de cohesión o yeso, use pernos de expansión para instalar los elementos que servirán de soporte para el arreglo de cortinas pesadas. Para el arreglo de ventanas con cortinas ligeras o para la instalación de los sujetadores de amarres, se pueden usar anclas de plástico en lugar de los pernos de expansión.

INSTALACION DE SOPORTE DE UN RIEL CON PERNOS DE EXPANSION

 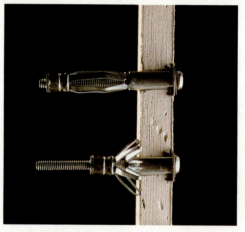 

1 Coloque el soporte de riel en el lugar deseado. Marque la ubicación de los tornillos. Perfore los agujeros para los pernos de expansión sobre la pared o sobre yeso, éstos dependen del tamaño del perno de expansión. Para el arreglo de cortinas pesadas se utilizarán dos pernos de expansión a manera de soporte.

2 Fije el perno de expansión sobre el agujero perforado usando el martillo. Asegure el tornillo, el perno de expansión se expande evitando así el que se salga de la pared.

3 Saque el tornillo del perno de expansión, luego inserte el tornillo dentro del soporte del riel. Alinee el tornillo con el perno de expansión y atornille firmemente el soporte en su lugar.

SUJETADOR DE AMARRE CON ANCLAS PLASTICAS

1 Coloque el sujetador a la altura deseada para los amarres, colóquelo luego por debajo del borde del soporte del riel de tela pesada, de modo que la tela cuelgue recta a los lados. Marque la ubicación de los tornillos.

2 Perfore los agujeros para las anclas plásticas dentro de la pared o el yeso. Use dos anclas plásticas para cada sujetador o amarre. Clave las anclas dentro de la pared perforada usando un martillo.

3 Inserte el tornillo dentro del sujetador de amarre. Alinee el tornillo con el ancla plástica instalada. Atornille el sujetador de amarre fijándolo en su lugar.

1 Instale el borde del soporte del riel (ver pág. anterior) con la parte en U hacia arriba.

2 Enganche la presilla de soporte pasándola por encima del centro del riel, encajando los terminales dentro de los soportes. Marque los agujeros de los tornillos para el soporte central.

3 Desmonte el riel e instale centrando el soporte. Vuélvalo a colocar como estaba anteriormente; enganche la presilla del soporte sobre el riel, colocándolo sobre la ranura al frente del riel. Usando un destornillador ajuste la biela metálica del soporte central en sentido contrario a las agujas del reloj, tal como indica la figura.

4 Empuje los deslizadores o cruzadores hacia el lado de los terminales del riel. En el lado izquierdo llegue al deslizador posterior. Tire ligeramente la cuerda formando un pequeño círculo, cuelgue el círculo firmemente sobre una puntilla (uña) plástica que sobresale de la parte posterior del deslizador guía.

5 Separe el cabillo o espiga de la base de la polea; coloque la base contra la pared cerca al piso, directamente bajo un punto de 5 cm (2") del lado derecho del borde del soporte del riel. Marque la ubicación de los tornillos e instálelo.

6 Una el cabillo a la base de la polea. Tire hacia arriba sobre la cubierta de la cuerda dejando al descubierto el agujero sobre la parte interna del tensor. Inserte una puntilla plástica a través del agujero de modo que el cabillo permanezca extendido. Una la cuerda a la polea deslizando el terminal de ésta a través de la ranura.

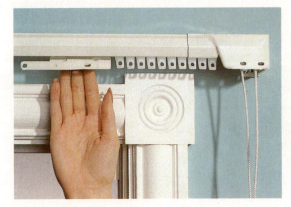

7 Haga dos nudos en la parte posterior del deslizador, justo al lado derecho del borde del riel.

8 Haga el nudo lo más cerca a los deslizadores hasta que la cuerda que cuelga al lado derecho del riel esté tirante contra la rueda de la polea. Haga un nuevo nudo en la parte posterior del deslizador, con el exceso de cuerda colgando. Saque la puntilla (uña) plástica de la parte interior del tensor de la polea. Corte el exceso de cuerda. Asegure el nudo firmemente.

INSTALACION DE LOS ARMANTES DE MONTAJE

Cuando los arreglos de las ventanas son instalados sobre armantes de montaje en lugar de ubicarlos sobre rieles, cubra los armantes de montaje con tela para dar una apariencia profesional.

El armante de montaje puede ser instalado dentro o fuera del marco de la ventana. Para un montaje interno, el tablero es atornillado en la parte superior de la ventana.

Para un montaje externo, el armante se instala sobre la parte superior del marco de la ventana o sobre la pared, por encima de la ventana. Para dejar tolerancia el armante es cortado más largo que el ancho del marco y abarca más que el marco o arreglo bajo.

Los ángulos de metal se usan para instalar un armante de montaje externo, éstos deben ser un poco más cortos que el ancho del armante de montaje. Cuando sea posible, atorníllelos dentro de los parales o postes de tabique de la pared, usando tornillos de ranura sencilla. Si es necesario utilizar ángulos de metal entre los parales de pared use pernos de expansión para asegurar una adecuada instalación.

FORRADO DEL ARMANTE DE MONTAJE

INSTRUCCIONES PARA EL CORTE

Corte la tela para cubrir el armante de montaje con el ancho de la tela igual a la distancia alrededor del armante (o tablero) más 2,5 cm (1") y la longitud de la tela igual al largo del armante más 11,5 cm (4 1/2").

1 Centre el armante sobre el revés de la tela. Engrape a todo lo largo del filo del armante, colocando las grapas a una distancia de 20,5 cm (8"), por separado; no engrape dentro de los 15 cm (6") de los extremos. Envuelva la tela alrededor del armante. A lo largo del borde, doble a 1 cm (3/8"), engrape al armante colocando las grapas por separado a una distancia de 15 cm (6").

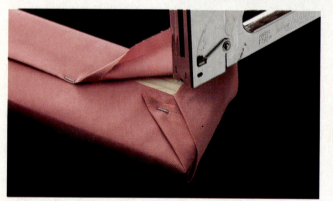

2 Una los ángulos en las esquinas sobre el lado de la tela sin doblar, presione con el dedo. Engrápelos en un lugar cerca al borde.

3 Haga los ángulos en las esquinas sobre el lado del armante con el borde de la tela doblada. Presione con los dedos. Doble el exceso de tela en los bordes y engrape cerca al pliegue.

INSTALACION DE UN ARMANTE DE MONTAJE INTERIOR

1 Corte el armante a 1,3 cm (1/2") más corto que la parte interior de la medida del marco de la ventana. Esto asegura que el armante de montaje encajará dentro del marco luego de ser cubierto con tela.

2 Forre el armante de montaje (pág. anterior). Haga previamente los agujeros a través del armante y dentro del marco de la ventana usando broca de taladro de 3,18 mm (1/8"). Haga los agujeros a 2 cm (3/4") de cada borde del armante y en el centro para el arreglo de ventanas anchas.

3 Engrape el arreglo de la ventana al armante de montaje. Asegure el armante usando tornillos de ranura sencilla de 3,8 cm (8 x 1 1/2").

INSTALACION DE UN ARMANTE DE MONTAJE EXTERIOR

1 Corte el armante de montaje 5 cm (2") más largo que el ancho del arreglo bajo del marco de la ventana. Si el arreglo de ventana de montaje exterior es usado solo, se puede usar un armante de montaje de 1 x 2. Y si es instalado sobre un arreglo bajo, el armante de montaje deberá ser de por lo menos 5 cm (2") más ancho que la parte saliente del arreglo bajo.

2 Forre el armante (pág. anterior). Marque los agujeros para los tornillos para los ángulos de metal dentro de 2,5 cm (1") de cada filo del armante y a intervalos de 115 cm (45") o menos. Previamente haga los agujeros sobre el armante, el tamaño del perforado del agujero depende del tamaño del tornillo requerido para el ángulo de metal. Fije los tornillos sobre el armante.

3 Coloque el armante en el lugar deseado, asegurándose de que está a nivel; marque los agujeros de los tornillos sobre la pared o el marco de la ventana.

4 Mueva el ángulo de metal del armante. Fije los ángulos de metal a la pared, usando pernos de expansión (pág. 16) o tornillos de ranura sencilla de 2 cm (3/4").

5 Engrape el arreglo de ventana al armante de montaje. Ubique el armante sobre los ángulos de metal ya instalados. Atornille los ángulos sobre el armante.

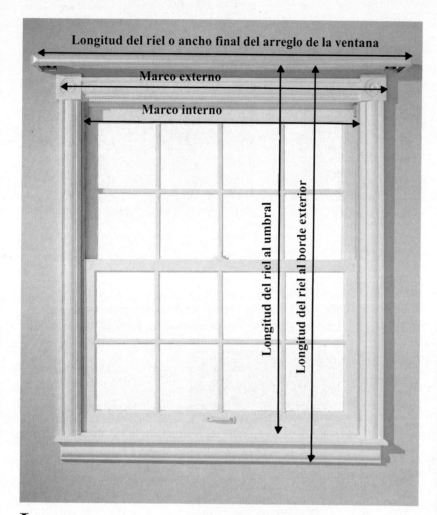

Longitud del riel o ancho final del arreglo de la ventana

Marco externo

Marco interno

Longitud del riel al umbral

Longitud del riel al borde exterior

CONSEJOS PARA MEDIR

Cuando mida el largo para cortinas pesadas deje un espacio libre de 1,3 cm (1/2") entre la parte inferior de la cortina pesada y el piso. Para telas en lana holgada deje 2,5 cm (1") de espacio libre.

Deje un espacio libre de 10 a 15 cm (4" a 6") por encima de la base del armante, para mayor seguridad.

Mida la misma altura al piso para todo el cortinaje de la habitación para dar una apariencia más uniforme. Como modelo estándar use la ventana más alta de la habitación para medir los arreglos sobre las otras ventanas.

Haga las cortinas de velo 1,3 cm (1/2") más corto que las cortinas exteriores gruesas (en la parte superior e inferior), de modo que no dejen ver la parte de arriba o abajo de las cortinas de velo.

Luego de seleccionar el arreglo de la ventana, haga las instalaciones correspondientes y tome las medidas necesarias. Para tomar las medidas exactas, use un metro de cinta metálica o un metro plegable. Mida y apunte las medidas para cada ventana por separado, incluso si las ventanas parecen ser del mismo tamaño.

Dependiendo del estilo de arreglo de ventana, los rieles y los armantes de montaje pueden ser montados dentro o fuera del marco de ventana. Para una instalación interior, coloque los implementos dentro de la parte superior del marco, de modo que la moldura esté al descubierto.

Para una instalación exterior, coloque las instalaciones en la parte superior del marco de la ventana o sobre la pared por encima de la ventana.

Cuando la instalación está hecha por encima del marco de la ventana, se añade la altura visual a la ventana.

Algunos arreglos de ventana pueden ser instalados de modo que cubran parte de la pared a los lados de la ventana, añadiendo ancho visual. Cuando los arreglos de las ventanas son montados sobre la pared, puede dejar más vidrio al descubierto, dejando entrar mayor cantidad de luz.

Necesitará determinar la longitud de acabado y el ancho de acabado del arreglo de ventana. Luego determine la longitud y el ancho de corte añadiendo las cantidades necesitadas para los dobladillos, rieles entubados, costuras y amplitud. Si se usa una tela con dibujos, usted necesitará dejar tela extra para combinar los dibujos (pág. 22).

Para determinar la longitud de acabado del arreglo de la ventana mida desde el riel o del armante de montaje a donde quiere que sea el borde más bajo del arreglo de ventana. Usualmente se toma la medida de la parte superior del riel o armante. Cuando se usan rieles decorativos, la medida se toma desde el agujero en una de las argollas o deslizadores. Dependiendo del estilo del arreglo, usted puede necesitar añadirle a esta medida una cantidad para la parte superior o espacio libre por encima del riel. En las instrucciones para el corte de este libro se incluyen pasos específicos para determinar la longitud de acabado para cada arreglo de ventana.

Para determinar el ancho de acabado del arreglo de ventana mida la longitud del riel de cortina pesada o del armante de montaje. Para algunos arreglos, también puede ser necesario medir el ancho de la vuelta (pág. anterior).

Recogido o plegado de cierre es la distancia de los lados de la ventana a los soportes, que permite a las telas pesadas sobre los rieles travesaño abrir total o parcialmente espacio cuando las cortinas pesadas son abiertas, algunas veces se refiere como fruncido o recogido. Los arreglos de ventana estacionarios también pueden ser instalados de modo que se "recojan" a los lados de la ventana.

Traslape es el área donde los paneles de la tela pesada coinciden superponiéndose en el centro de un riel de dos vías. El traslape estándar es de 9 cm (3 1/2") .

Saliente es la distancia en que el riel o armante de montaje destaca o sobresale de la pared.

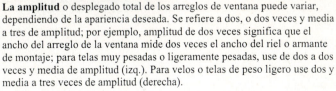

Retorno es la parte de la cortina pesada que se extiende desde la esquina del riel a la pared, cubriendo los soportes e implementos de la cortina pesada. Para las cortinas pesadas instaladas en rieles travesaños, el retorno es de 1,3 cm (1/2") más que la saliente del riel.

La amplitud o desplegado total de los arreglos de ventana puede variar, dependiendo de la apariencia deseada. Se refiere a dos, o dos veces y media a tres de amplitud; por ejemplo, amplitud de dos veces significa que el ancho del arreglo de la ventana mide dos veces el ancho del riel o armante de montaje; para telas muy pesadas o ligeramente pesadas, use de dos a dos veces y media de amplitud (izq.). Para velos o telas de peso ligero use dos y media a tres veces de amplitud (derecha).

CORTE Y CONFECCION DE LA TELA

Muchos arreglos de ventana son hechos de metraje de telas. Luego de tomar las medidas necesarias y determinar el tamaño de acabado del arreglo de ventana, usted podrá calcular cuánta tela necesitará.

Para determinar la longitud de corte y el ancho de corte de una tela que no requiere combinación, añada la cantidad requerida para el riel entubado, costuras y amplitud del tamaño de acabado del arreglo de la ventana. Por ejemplo, si está cosiendo una cortina con riel entubado añada la cantidad necesaria para los rieles, encabezamientos y dobladillos en el largo de acabado. Luego añada la costura de los lados, costuras y amplitud del ancho de acabado. Cada arreglo de ventana en este libro incluye las instrucciones para determinar la longitud de corte y el ancho de la tela. Para las telas con diseños, deje tela extra.

A menudo el arreglo de ventana requiere más de un ancho de tela. Para determinar el número de anchos requeridos, divida el ancho de corte calculado del arreglo de la ventana por el número de ancho de tela necesitado, este es el largo total de tela necesitado en centímetros (pulgadas). Divida esta medida por 100 cm (36") para determinar el número de metros (yardas) requeridos.

Corte el ancho de tela que necesite a la calculada longitud de corte, marcando la tela en el ángulo derecho al orillo y marcando sobre la línea de guía; luego cosa los anchos juntos. Si usted está cosiendo un par de paneles de cortina

pesada, cosa una mitad del total del ancho por cada panel. Si el número de anchos es un número impar, divida uno de los anchos en la mitad a todo lo largo, usando una mitad para cada panel.

TELAS CON DIBUJOS

Usualmente se necesita un metraje extra para combinar las telas con dibujos en las costuras. Mida el dibujo repetido de la tela a todo lo largo de la distancia de un punto sobre el dibujo, tal como la punta de una hoja haciéndola coincidir en el mismo punto en el siguiente dibujo. Añada la cantidad necesaria para los rieles entubados, costuras, partes superiores, espacios libres y amplitud de la longitud de acabado, para determinar cuán largo se necesita que sea la longitud de la tela.

Por ejemplo si la sección completa del patrón es de 61cm (24"), y la longitud de acabado más los orillos, rieles entubados y otros espacios es de 115 cm (45"), la actual longitud de corte es de 122 cm (48"). Para que los dibujos coincidan de un panel a otro, corte cada largo de tela en el mismo punto que el dibujo que se repite.

Calcule la cantidad de tela que se necesitará, añadiendo el dibujo adicional de modo que pueda ajustar la ubicación del dibujo sobre la longitud de corte. Cosa los anchos de tela con la combinación de los dibujos. Luego recorte los paneles a la longitud exacta requerida para el arreglo de ventana.

La costura de puntada recta, hecha sobre una maquina de puntada convencional, es planchada en forma abierta para una costura llana y recta. Los orillos son planchados antes o después de coser la tela. Para los arreglos de ventanas con forro, no es necesario dar acabado a la tolerancia o margen de costuras.

La costura con 4 o 5 hilos sobre los orillos, pespuntados sobre un orillado de punto de surjete es de acabado libre y no ensancha la forma. Planche las tolerancias de costura a un lado.

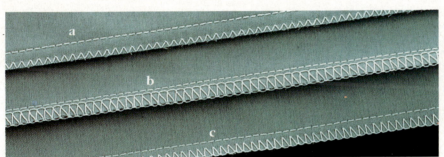

Las combinaciones de costuras son cosidas usando la puntada recta sobre la máquina convencional. Las tolerancias de costura son dejadas a 6 mm (1/4") fuera de los orillos y el acabado, usando la puntada de zigzag **(a)** sobre una máquina convencional o con tres hilos **(b)** o dos hilos **(c)** costura de sobreorillo pespuntado sobre un orillado de punto de surjete. Planche las tolerancias de costura a un lado.

EMPATE DE TELAS CON PATRONES O FIGURAS

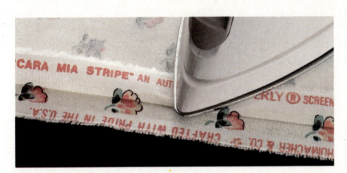

1 Ubique los anchos de tela con los lados derechos juntos, igualando los orillos. Doble hacia abajo el orillo superior, hasta que la figura se iguale, ligeramente planche la línea de pliegue.

2 Desdoble el orillo y coloque alfileres a los anchos de la tela sobre la línea de pliegue. Vea que los dibujos coincidan por el lado derecho.

3 Vuelva a colocar alfileres a la tela, perpendiculares a la línea de pliegue, use puntada recta. Deje tela para la longitud de acabados, más los orillos, rieles, entubados y otras tolerancias tal como se calcula en la pág. anterior.

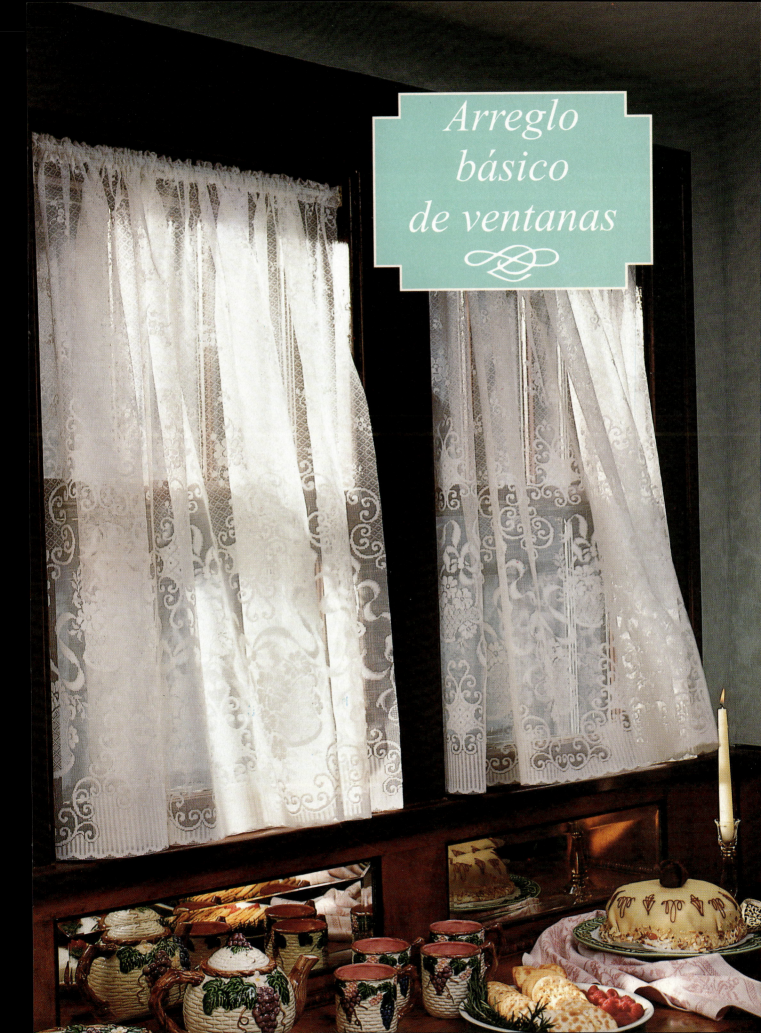

CORTINAS DE RIELES ENTUBADOS

Las cortinas de rieles entubados son sencillamente paneles de tela uniformes con pespuntes en la parte superior, rieles entubados y orillos de doble doblez. El estilo se puede variar cambiando el tamaño de la parte superior, la longitud del arreglo y cómo es adornada la tela (págs. 30 y 31). Use un riel para cortina de 2,5, 6,5, 11,5 cm (1", 2 1/2", ó 4 1/2") o un juego de parales, todo ello dependiendo de la apariencia que usted desee. Los adornos pueden ser pespuntados a lo largo del borde interior de los acabados de los paneles de las cortinas, para dar un efecto decorativo tal como se muestra en la pág. anterior.

Las cortinas pueden ser con forro o sin forro. Las cortinas muy delgadas y otras sin forro son más ligeras y claras que las cortinas que son forradas. Sin embargo, el forro añade extracuerpo a las cortinas, dándoles gran apariencia y realce al arreglo de las ventanas. El forro se extiende hasta el encabezamiento (borde superior) para evitar la caída del borde fruncido y se extiende hasta los orillos de los lados que tienen una buena caída.

Antes de que cosa, decida dónde quiere que se ubique el arreglo de la ventana e instale el riel. Mida desde la parte inferior del riel hasta donde usted quiere que sea el borde inferior de la cortina. Para determinar la longitud de acabado, añada el grosor del encabezamiento (parte superior) deseada y el ancho del guarda riel (riel entubado).

Esto es lo que la cortina medirá desde la parte superior a la inferior.

MATERIALES

- Tela de decoración
- Tela de forro, si se desea
- Riel de cortina o juego de parales
- Contra peso de la caída de cortinas

INSTRUCCIONES PARA EL CORTE

Determine la profundidad del entubado y de la franja superior o encabezamiento de las cortinas (véase la sección de terminología en la parte inferior de esta pág.) y el ancho del dobladillo en el borde inferior. Por lo general se utiliza un dobladillo de dos dobleces de 10 cm (4") para la tela decorativa; si la cortina tiene forro, se utiliza también un dobladillo de dos dobleces para el forro.

La longitud de corte de la tela o paño decorativo debe ser igual a la longitud de acabado deseada de la cortina más la profundidad de la franja superior o encabezamiento y del entubado y 1,3 cm (1/2") para el doblez hacia abajo en el borde superior y el doble del ancho del dobladillo.

El ancho de corte de la tela o paño decorativo se calcula determinando el ancho del riel o barra de la cortina más la amplitud o desplegado deseado para la cortina. En las cortinas muy delgadas se aconseja dejar un desplegado de dos veces y media o tres el ancho del riel o barra; para las cortinas gruesas el desplegado o amplitud debe ser de dos veces o dos veces y media con respecto al ancho del riel. Una vez haya multiplicado el ancho del riel por el grado de desplegado que se desea, agregue 15 cm (6") por cada cortina para los dobladillos laterales de dos dobleces de 3,8 cm (1 1/2"). En caso de que se requiera unir anchos para completar cada cortina, debe agregar también 2,5 cm (1") por cada costura de unión.

La longitud de corte del forro debe ser 12,5 cm (5") más corta que la del paño o tela decorativa; esto, con el fin de incluir un dobladillo de dos dobleces de 5 cm (2") en el borde inferior y para que el forro quede de 2,5 cm (1") más corto que la cortina una vez acabada ésta. El ancho de corte del forro debe ser igual al ancho de corte del paño o tela decorativa.

TERMINOLOGIA

Encabezamiento, franja superior o tope (a) es la parte superior al riel entubado o guarda riel, la cual forma un fruncido cuando la cortina está sobre el riel. El ancho de este encabezamiento es la distancia de la parte superior del acabado de la cortina a la parte superior de la línea de pespunte del riel entubado.

Riel entubado o guarda riel (b) es la parte de la cortina en donde el riel se inserta, pespuntando las líneas en la parte superior e inferior para mantener al riel en su lugar. Para determinar el ancho del riel entubado, mida alrededor de la parte más ancha del riel o paral y añada 1,3 cm (1/2") adicionales a esta medida y divida por dos.

1 Si es necesario cosa los anchos de tela para cada panel de cortina. En el borde inferior planche doblando hacia el lado del revés 10 cm (4"), pespunte para hacer el doble doblez del orillo, usando puntada recta o invisible.

2 Planche dos veces bajo 3,8 cm (1 1/2") sobre los lados. Coloque el contra peso para cortina dentro de los orillos de los lados a 7,5 cm (3") del borde inferior. Pespunte para hacer los dobles dobleces de los orillos.

3 Planche en la parte superior a 1,3 cm (1/2"). Luego planche doblando una cantidad igual al ancho del guarda riel más el encabezamiento. Cosa cerca al primer doblez.

4 Pespunte de nuevo en el ancho del encabezamiento usando cinta sobre la plataforma de la máquina de coser como guía de pespunte.

5 Inserte el paral o el riel a través del guarda riel, recogiendo la tela en forma uniforme. Instale el paral sobre los soportes.

1 Si es necesario cosa los anchos de tela para cada panel de cortina; repita el procedimiento con el panel del forro. Planche bajo 10 cm (4") en la parte inferior del panel de cortina doblando del lado del revés. Pespunte para hacer el doble doblez del orillo. Repita el mismo paso para los orillos del forro, doblando a 5 cm (2") dos veces.

2 Coloque el panel de la cortina y el panel del forro juntos por el lado del revés, igualando los bordes, los lados y la parte superior con alfileres. En la parte inferior el panel del forro será 2,5 cm (1") más corto que el panel de la cortina.

4 Planche y pespunte el riel entubado y el encabezamiento como indican los pasos 3 y 4 en la pág. anterior; el forro y los paneles de cortina son tratados como si fueran una sola pieza.

3 Presione dos veces a los lados a 3,8 cm (1 1/2"), doblando el forro y el panel de la cortina como si se tratase de una sola tela. Hilvane el contra peso para caida de cortinas dentro de los lados de los orillos a una altura de 7,5 cm (3") del borde inferior. Pespunte para hacer los dobles dobleces de los orillos usando puntada invisible o recta.

5 Inserte el riel o paral frunciendo la tela equitativamente. Instale el paral sobre los soportes.

VARIACIONES EN CORTINAS CON RIEL ENTUBADO

Las cortinas con bordes contrastantes *(pág. 32) son fáciles de coser, con solo una costura adicional en la parte superior de la cortina. El adorno de contraste se puede usar para resaltar uno de los colores en una tela con dibujos.*

Las cortinas estilo bar *son una versión más corta de las cortinas con riel entubado básicas (pág. 27). Este tipo de cortinas permite el ingreso de la luz solar a la habitación.*

Las cortinas de riel entubado expandidas *(pág. 33) hechas en tela clara, filtran la luz suavemente a través de las pequeñas ventanas ubicadas sobre las puertas. Los paneles son distribuidos en dos rieles y la amplitud es controlada.*

Las cortinas de riel entubado con nudo *(pág. 33) son bastante informales y hechas de exuberantes telas de peso ligero, el nudo de la cortina tiene suaves y llamativos pliegues.*

CORTINAS CON BORDES CONTRASTANTES

MATERIALES

- Telas de decoración en dos colores
- Tela de forro, si se desea
- Riel de cortina o juego de paral
- Contra peso de la caída de cortinas

INSTRUCCIONES PARA EL CORTE

Determine el ancho de riel entubado, el encabezamiento o parte superior, el ancho del orillo y del borde inferior (pág. 27).

La longitud de corte de cada panel de cortina es igual a la longitud de acabado deseada de la cortina más dos veces el ancho del orillo. Determine el ancho de corte de cada panel de cortina, lo mismo que para la cortina básica (pág. 27).

Corte una pieza de contraste para cada panel de cortina, en el mismo ancho que para el panel. Las piezas de contraste deberán ser igual a dos veces el ancho deseado del adorno, más el ancho del encabezamiento y el riel entubado, más 1,3 cm (1/2") para el doblez en el borde superior.

Si se desea forro, la longitud de corte del forro es igual a la longitud de acabado deseada de la cortina más el ancho del encabezamiento y el riel entubado, más 9 cm (3 1/2"). Esto permite que se dé 1,3 cm (1/2") para el doblez en el borde superior, 10 cm (4") para 5 cm (2") para el doble doblez del orillo en la parte inferior y para el forro será 1,3 cm (1/2") más corto que la cortina cuando se haya acabado.

1 Cosa los anchos de tela y pespunte los orillos en el borde inferior de los paneles como lo indica la pág. 29 en el paso 1; el forro debe ser suprimido. Una la pieza de contraste al borde superior del panel de la cortina, con los lados derechos juntos, pespuntando una distancia igual al ancho de acabado que se desea.

2 Planche los lados de costura hacia el lado del forro. Una el forro con el panel de la cortina como lo muestra la pág. 29 en el paso 2. Planche doblando a 3,8 cm (1 1/2") dos veces sobre los lados, doblando el forro y los paneles de la cortina como si fuesen uno; una los contrapesos para la caída de las cortinas dentro de los orillos de los lados. Pespunte para hacer los dobles dobleces de orillos, usando puntada recta o invisible.

3 Planche a 1,3 cm (1/2") sobre el borde superior de la pieza de contraste y forro. Luego planche contrastando la pieza y el forro por el lado del revés de la cortina con el borde de contraste del ancho deseado, mostrándose en el lado del derecho. Pespunte cerca al primer doblez. Pespunte nuevamente en el ancho del encabezamiento usando cinta sobre la plataforma de la máquina de coser como guía de pespunte. Inserte el riel de la cortina o paral a través del riel entubado (guarda riel) recogiendo la tela uniformemente. Instale el riel sobre los soportes.

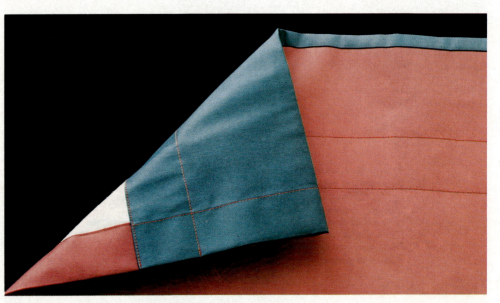

CORTINAS DE VELOS EXPANDIDOS CON RIEL ENTUBADO

MATERIALES

- Tela de decoración clara
- Dos rieles para cortina o bastidores de ventana

INSTRUCCIONES PARA EL CORTE

Determine el ancho del riel entubado y el encabezamiento (pág. 27) en la parte superior e inferior de la cortina.

Para determinar la longitud de corte del panel de la cortina mida la parte donde va el riel; luego añada 4 veces el ancho de encabezamiento deseado y cuatro veces el ancho de riel entubado, más 2,5 cm (1") para el doblez de los bordes. También añada 1,3 cm (1/2") para comodidad; esto es necesario para recogimiento de la cortina sobre el riel. Determine el ancho de corte del panel de la cortina, lo mismo que para cortina básica (pág. 27).

1 Si es necesario una los anchos de la tela. Planche doblando a 3,8 cm (1 1/2") dos veces sobre los lados del panel de la cortina; pespunte para hacer dobles dobleces de orillos usando puntada recta o invisible.

2 Planche y pespunte los rieles entubados y encabezamientos en la parte superior y la parte inferior, como lo indica la pág. 27 en los pasos 3 y 4. Inserte los rieles distribuyendo el recogido. Instale el riel sobre los soportes.

CORTINAS DE NUDO CON RIEL ENTUBADO

MATERIALES

- Tela de decoración clara o liviana
- Riel para cortina
- Gancho tendedor o gancho de copa (colgador y argolla) para cada panel de cortina y contrapeso para cortinas.

INSTRUCCIONES PARA EL CORTE

Este arreglo es el adecuado para paneles de cortina sin forro, para un ancho de riel de hasta 91,5 cm (36"). Corte la tela como para cortinas (velos) de riel entubado (pág. 27), dejando un extra de 51 a 63,5 cm (20" a 25") de longitud para hacer el nudo.

1 Haga cortina sin forro (pág. 28). Inserte el riel a través del guarda riel o riel entubado, recogiendo de manera uniforme la tela. Instale el riel sobre los soportes. Haga el nudo de la cortina en la ubicación deseada, arreglando la tela para una apariencia agradable.

2 Una el tenedor o gancho de copa a la parte posterior del nudo. Añada el pequeño aro sujetador al nudo por el lado del revés. Y asegure el anillo al gancho de la pared.

CORTINAS DE CAIDA LIBRE

La cinta de frunces decorativa da una mayor elegancia de pliegues en la parte superior. Para esta ventana salediza se colocan dos paneles elegantemente en su lugar con amarres.

Usando estas cintas de caída libre, las cortinas pueden ser cosidas en forma fácil y rápida. Esta es colocada en forma uniforme en la parte superior de los paneles de las cortinas y los cordones son tirados para crear el encabezamiento de la cortina. Para mejores resultados, use cinta de caída libre de peso medio para ventanas de cortinas livianas.

Estas cintas de caída libre se encuentran disponibles en diversos anchos y estilos. Usted puede escoger entre cinta de costura o cinta fundible. Las cintas para coser son más versátiles porque pueden ser usadas para cortinas con forros o sin forros. Sin embargo, las cintas fundibles combinan mejor con cortinas sin forro extra-rápidas. Sobre algunas telas el fundible adhesivo puede llegar a efectuar la apariencia por el derecho de la tela de la cortina. Antes de coser las cortinas, pruebe con un pedazo de cinta fundible sobre la tela que ha seleccionado.

Como las cintas de caída libre forman algo más duro el encabezamiento, son usadas en arreglos de ventanas estacionarios. Las cortinas se instalan sobre rieles estándar, decorativos o juegos de parales con argollas. Para colgar los paneles de cortinas sobre los rieles use broches para cortinas. Algunas cintas tienen lazos tejidos en ellas para asegurar los broches para cortinas y algunos fabricantes proporcionan alfileres especiales para instalación.

La cantidad de amplitud que se necesita en la cortina depende del estilo de la cinta. La mayoría de las cintas requiere de dos a tres veces de amplitud.

MATERIALES

- Tela de decoración
- Si se desea, tela de forro
- Riel para cortinas o juego de parales con anillos
- Cinta para cortinas de caída libre, use cinta de costura para cortinas sin forro o con forro y use cinta fundible para cortinas sin forro
- Contrapesos para cortinas

La cinta para fruncido crea un encabezamiento suave y uniforme, que combina con la tela flotante y cae a través de un paral decorativo.

Las cortinas de caída libre son fruncidas tirando las cuerdas tejidas sobre la cinta (ver pág. anterior). Se muestran tres estilos.

CORTINAS SIN FORRO USANDO CINTAS DE CAIDA LIBRE

INSTRUCCIONES PARA EL CORTE

Deje una amplitud de dos o tres veces, dependiendo de la apariencia deseada y del tipo de cinta de caída libre. Si se usa un juego de parales, determine el ancho de corte de la tela de decoración multiplicando el ancho del paral entre los soportes la amplitud deseada y añada 15 cm (6") para cada panel, para dejar 3,8 cm (1 1/2") para los dobles orillos de los lados. Si es necesario unir los anchos de tela para hacer cada panel, también añada 2,5 cm (1") para cada costura. Si se usa un riel de cortina decorativo o estándar, también añada dos veces la proyección del riel a esta medida para permitir los doblados.

Si se usa un riel de cortina estándar, determine la longitud de la cortina midiendo de la parte superior del riel a donde quiere que sea el borde inferior de la cortina: luego añada 1,3 cm (1/2") de modo que la tela se aumente por debajo del riel. O si usa un riel decorativo o un juego de parales con argollas, mida desde los agujeros de los broches en los deslizadores o rodachinas a la longitud deseada. La longitud de corte de la tela de decoración es igual a la longitud de acabado deseado de la cortina más 2 cm (3/4") para doblez en el borde superior y 20,5 cm (8") para un orillo de doble doblez de 10 cm (4") en el borde inferior.

1 Si es necesario cosa los anchos de la tela para cada panel de cortina. Planche en el borde inferior, a 10 cm (4") dos veces por el lado del revés, pespunte para hacer el doble orillo usando puntada recta o invisible. Planche a 3,8 cm (1 1/2") dos veces sobre los lados; hilvane los contrapesos dentro de los orillos a los lados, ubicándolos a 7,5 cm (3") del borde inferior. Pespunte los orillos de los lados. Planche a 2 cm (3/4") sobre el borde superior del panel de la cortina.

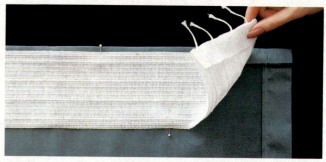

2 Corte la cinta de fruncido del ancho del panel cosido más 5 cm (2"). Doble a 2,5 cm (1") sobre cada terminal de la cinta y use alfiler para sacar las cuerdas. Ubique la cinta con el lado derecho hacia arriba sobre el lado revés del panel, con el borde superior de la cinta a 6 mm (1/4") del borde doblado de la cortina.

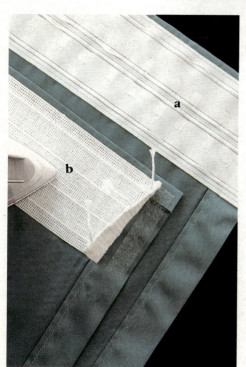

4 Anude todas las cuerdas juntas o hágalo en pares en cada terminal de la cinta de fruncido. En un extremo tire las cuerdas para fruncir la tela, ajustando el ancho del encabezamiento al ancho de acabado deseado.

3 Pespunte la cinta de costura (a) en el lugar cerca a las cuerdas. O coloque la cinta fundible (b) en su lugar, luego inserte una tira de cinta fundible en los terminales a lo largo de los bordes y fusione.

5 Anude las cuerdas en pares al lado de la cortina. Corte el exceso de tela o haga coincidir las telas detrás del panel. Si las cuerdas no se cortan, el panel puede ser deteriorado en el lavado.

6 Inserte los ganchitos de cortina en la parte superior de los paneles a intervalos de 7,5 cm (3") o si la cinta de fruncido tiene lazos, inserte los ganchitos en ellos.

7 Inserte los ganchitos de las cortinas en los ojos de los deslizadores sobre un riel de cortina decorativo **(a)** o los ojos de las argollas de los parales **(b)** o cuélguelos sobre un riel de cortina estándar **(c).**

CORTINAS CON FORRO USANDO CINTA DE CAIDA LIBRE

INSTRUCCIONES PARA EL CORTE

Determine el ancho y largo de la tela de decoración tal como se indica en la pág. anterior para las cortinas sin forro. El ancho de corte del forro es igual al ancho de corte de la tela de decoración. La longitud de corte del forro es 14,5 cm (5 3/4") más corto que la longitud de corte de la tela de decoración, esto da libertad a 5 cm (2") para el doble orillo y para el forro será de 2,5 cm (1") más corto que el acabado de cortina.

1 Si es necesario, para cada panel, cosa los anchos de la tela, repita el procedimiento para el panel del forro. Planche el borde inferior del panel de la cortina a 10 cm (4") dos veces para el lado del revés; pespunte para hacer el doble orillo. Repita el procedimiento con el panel del forro planchando bajo 5 cm (2") dos veces.

2 Sólo planche a 2 cm (3/4") sobre el borde superior del panel de la cortina. Ubique el panel de la cortina y el panel del forro por los lados del revés, igualando los bordes a los lados y con el borde del forro en la línea de pliegue planchada; doble el borde del panel de la cortina sobre el forro y coloque alfileres en el lugar. En la parte inferior, el panel del forro será 2,5 cm (1") más corto que el panel de la cortina.

3 Planche a 3,8 cm (1 1/2") sobre los lados; hilvane los contrapesos dentro de los orillos de los lados a 7,5 cm (3") del borde inferior. Pespunte para hacer los dobles orillos. Termine la cortina siguiendo las instrucciones de los pasos 2 a 7 de la pág. anterior.

CORTINAS PESADAS PLISADAS

Este arreglo de ventana es clásico y casi siempre popular. Se instala sobre rieles transversales que permiten ingresar la luz cuando están abiertas y ofrecen privacidad cuando están cerradas. Los plisados proporcionan amplitud, uniformidad y agradables pliegues. Puede ser variado cambiando el plisado y el espacio de los pliegues (págs. 46 y 47).

Las instrucciones que siguen son para un par de paneles de cortina pesada, instaladas sobre un riel travesaño de dos vías. Cuando instale el riel de cortina pesada deje para el espacio de recogido o plegado de cierre (pág. 21) a los lados de la ventana, de modo que las telas aclararán la ventana cuando se abra. El espacio de reunión o fruncido actual varía dependiendo del peso de la tela, la amplitud de las telas y de si son o no forradas, pero se calcula a un tercio el ancho de la ventana; deje libre una mitad para el espacio de recogido o plegado de cierre a cada lado de la ventana.

Si las cortinas se cuelgan sobre un riel convencional determine la longitud de acabado midiendo desde la parte superior del riel a donde quiere que lleguen las cortinas; luego añada 1,3 cm (1/2") para que las cortinas se extiendan por debajo del riel. Si las cortinas pesadas se cuelgan en un riel decorativo, mida de la parte inferior del riel al largo deseado de la cortina en la parte inferior. Si son colgadas sobre un juego de parales con argollas, mida desde los agujeros para ganchos en las argollas a la longitud de acabado deseado.

Para la mayoría de cortinas pesadas se usa dos veces y media de amplitud, pero para las telas ligeras claras tres veces de amplitud o desplegado. Para las cortinas pesadas con encajes use dos veces y medio de amplitud, de modo que el dibujo del encaje sea notable en los acabados de las cortinas pesadas.

Luego de que los paneles de cortinas pesadas son cosidos y colocados los orillos. Use la hoja de trabajo de plisados para determinar el número y tamaño de los plisados y los espacios entre ellos.

MATERIALES

- Tela de decoración
- Tela de forro, si se desea
- Entretela de 10 cm (4") de ancho
- Riel travesaño decorativo o convencional
- Contrapeso y ganchos para cortinas

INSTRUCCIONES PARA EL CORTE

Use la hoja de trabajo de la pág. 40 para determinar y registrar las medidas necesarias. A menudo se necesitan diversos anchos de tela. Corte el número de anchos de tela que necesite para la longitud de corte calculada de las cortinas pesadas. Si el número de anchos es un número impar, divida uno de los anchos en la mitad y añada una mitad a cada uno de los dos paneles de la cortina pesada.

HOJA DE TRABAJO PARA LA TELA

Largo de la cortina pesada	cm (pg)
Longitud de acabado deseado (como se indica en la pág. 39	
20,5 cm (8") para el encabezamiento	+
20,5 cm (8") para 10 cm (4") del doble doblez en la parte inferior	+
Longitud de corte de cortina pesada	=
Ancho de la cortina pesada	
Ancho del riel (en los rieles convencionales de soporte a soporte, en los rieles decorativos desde el terminal de una argolla a otra)	
Tolerancia para dos retornos (parte saledíza del riel) más 1,3 cm (1/2") para cada retorno	+
9 cm (3 1/2") para el traslape	+
Ancho de acabado de cortina pesada	=
Número total de anchos de tela para cortina pesada	
Ancho de acabado de cortina pesada multiplicado por 2 1/2 a 3 veces para amplitud	
Dividido por el ancho de la tela	+
Número total de anchos de tela necesitados, redondeados aumentando o disminuyendo hacia el ancho más proximo	=
Número de anchos de tela para cortina pesada por panel	
Número total de anchos de tela	
Divididos por 2	+
Números de anchos de tela por panel	=

HOJA DE TRABAJO PARA EL FORRO

Longitud de forro	cm (pg)
Longitud de acabado de cortina pesada	
10 cm (4") para 5 cm (2") para el doble doblez en el orillo inferior	+
Longitud de corte de forro	=
Número de anchos de forro	
Calcule como para el número total de los anchos de tela de cortina pesada (parte inferior)	

HOJA DE TRABAJO PARA LOS PLIEGUES

Luego de completar el paso 4 (pág. siguiente) use esta hoja de trabajo para determinar el número y tamaño de pliegues y los espacios entre ellos. La cantidad recomendada de tela requerida para cada pliegue es de 10 a 15 cm (4" a 6"). El espacio recomendado entre los pliegues es de 9 a 10 cm (3 1/2" a 4"). Si los cálculos de los resultados de la hoja de trabajo en los pliegues o espacios son más grandes que las cantidades recomendadas, añada un pliegue más y un espacio. Si los resultados de los cálculos en los pliegues o espacios son más pequeños que la cantidad recomendada, sustraiga un pliegue y un espacio.

Ancho de la cortina	cm (pg)
Ancho de acabado de cortina pesada (enunciado izq.)	
Dividido por 2	+
Ancho de acabado de panel	=
Número de plisados por cortina	
Número de anchos de tela por cortina (enunciado izq.)	
Multiplicado el número de plisados por ancho*	x
Número de plisados por cortina	=
Espacio entre pliegues	
Ancho de acabado de panel (enunciado abajo)	
Traslape y retornos (enunciados arriba como retornos)	–
Ancho a ser plisado	=
Dividido el número de espacios por panel (uno menos que el número de pliegues por panel)	+
Espacio entre pliegues	=
Tamaño de pliegue	
Ancho uniforme para los orillos (del paso 4, pág. siguiente)	
Ancho de acabado de la cortina (enunciado más adelante)	–
Cantidad total permitida para pliegues	=
Dividido el número de pliegues por cortina (enunciados enseguida)	+
Tamaño del pliegue	=

Imagínese 5 pliegues con un ancho de tela de 122 cm (48"), 6 pliegues con un ancho de tela de 137cm (54"). Por ejemplo, para 137cm (54") de tela, tres anchos por cortina = 18 pliegues. Si tiene una mitad de ancho de tela, imagínese dos o tres pliegues en la mitad del ancho de tela.

1 Cosa los anchos como sea necesario estirando los orillos para que la tela no se arrugue; termine las tolerancias de costura zigzagueando. Planche las costuras abiertas. Planche en el borde inferior doblando dos veces a 10 cm (4"), pespunte usando la puntada invisible o recta.

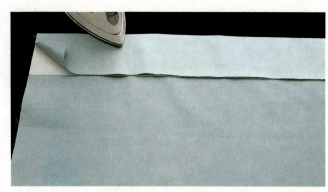

2 Corte la entretela del ancho de cada panel de cortina. Coloque la entretela con el borde superior del panel de la cortina sobre el lado revés. Doble el encabezamiento y la entretela al lado del revés y planche; doble nuevamente encasillando la entretela en la tela, planche. Coloque alfileres o haga una basta a mano en el lugar.

3 Planche doblando dos veces a 3,8 cm (1 1/2") sobre los lados. Hilvane el contrapeso para cortinas dentro de los orillos de los lados a una altura de 7,5 cm (3") del borde inferior.

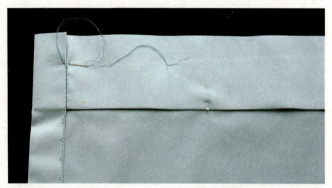

4 Pespunte los dobles dobleces de los lados usando puntada invisible o recta; pespunte a mano el orillo en el lugar del encabezamiento o tope. Determine el número y tamaño de pliegues y espacios entre ellos tal como lo indica la hoja guía en la pág. anterior.

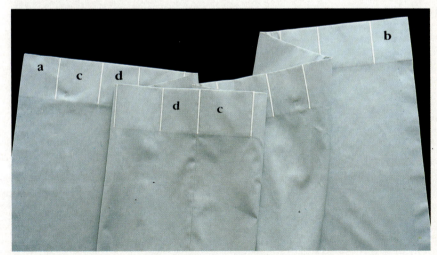

5 Marque el retorno (a) y el traslape (b) de la cortina del lado izquierdo, sobre el lado derecho de la tela y usando tiza. Marque los pliegues (c) y los espacios (d), con un pliegue cerca al retorno y otro pliegue cerca al traslape; las costuras deberán caer sobre la mano derecha, marcando un espacio. El tamaño del pliegue puede variar ligeramente y ser ajustado dentro de cada ancho de tela; conserve uniformes los espacios. Con las cortinas sobre el lado derecho juntas, transfiera las marcas a la cortina de la mano derecha.

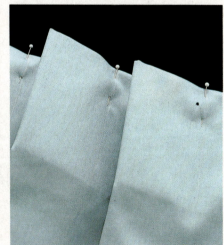

6 Doble cada pliegue reuniendo todas las líneas de pliegue, coloque alfileres y doble la entretela sobre el doblez.

(Continúa)

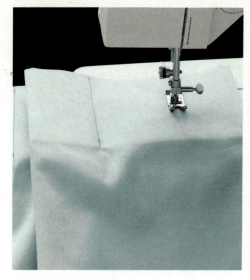

7 Pespunte sobre la línea de pliegue del encabezamiento al borde inferior de la entretela; pespunte nuevamente para asegurar.

8 Verifique el ancho de acabado de la cortina a lo largo del encabezamiento. Ajuste el tamaño de unos cuantos pliegues, si es necesario ajuste el ancho de la cortina.

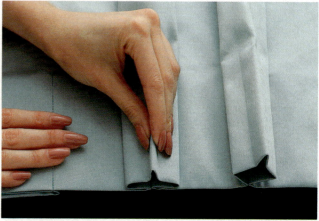

9 Divida cada pliegue pespuntado en tres pliegues iguales. Abra el pliegue en la parte superior del encabezamiento. Apriete los dobleces del pliegue.

10 Planche el centro del doblez recto hacia abajo hasta encontrar la línea de puntada del pliegue. Frunza los pliegues que se forman a los lados.

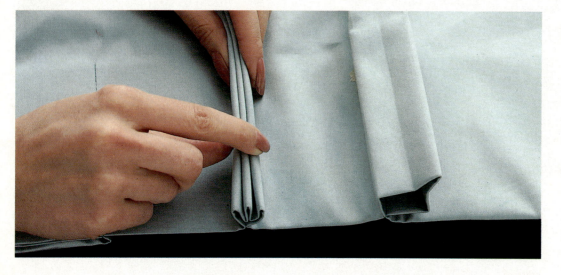

11 Apriete los pliegues hasta encontrar el centro del pliegue. Presione con los dedos tres pliegues juntos, asegurándose de que sean iguales.

12 Embaste los pliegues a máquina exactamente arriba del borde superior del refuerzo de la entretela, o a mano, dando una puntada profunda y utilizando dedal.

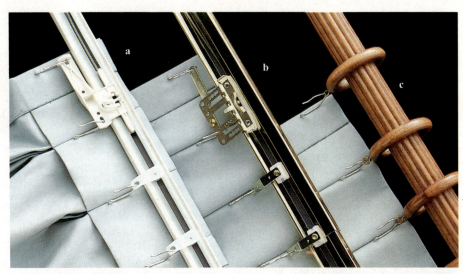

13 Inserte los ganchos de las cortinas, colocando uno en cada pliegue y uno cerca del extremo de la cortina. En los rieles tradicionales de canal (a), el tope del gancho queda a 4,5 cm (1 3/4") del borde superior del refuerzo a la cortina que cubre el velo ó a 3,2 cm (1 1/4") del borde superior del refuerzo a la cortina de velo. En una barra de soporte de decoración (b) transversal, el tope del gancho queda de 2 a 2,5 cm (3/4" a 1") del borde superior. En una barra con argollas (c), el tope del gancho queda a 6 mm (1/4") del borde superior. (Aquí se han colocado sobre rieles transversales para ilustrar mejor).

14 Doble el refuerzo de entretela por el medio de cada pliegue; dóblelo hacia el exterior en caso de que utilice una barra o riel transversal. A dicho procedimiento se le denomina con frecuencia "quiebre de refuerzo de entretela". Una vez hecho esto, planche las cortinas a temperatura media y en seco.

15 Cuelgue el gancho del extremo en el soporte de retorno (o polea lateral) en el orificio (a). Inserte el gancho del primer pliegue en el orificio frontal del soporte (b).

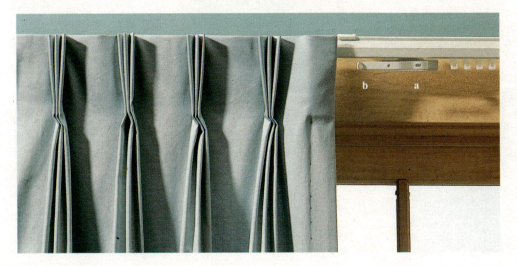

16 Cuelgue los ganchos de los demás pliegues intermedios en las rodachinas; retire las que quedan sobrando. Inserte el gancho del último pliegue en el primer orificio del cruzador o guía de corredera (a). Inserte el gancho final sobre el refuerzo de la cortina, en el orificio final del cruzador (b). Comprima los ganchos que quedan en los cruzadores a fin de evitar que se queden enganchados al correr las cortinas; además, si es necesario, tire del cruzador para que avance.

(Continúa)

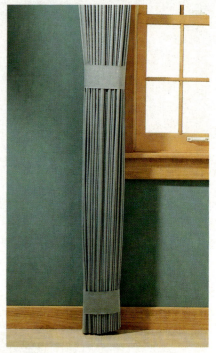

17 Abra las cortinas, hasta que queden en posición recogida; revise la franja superior de la cortina para cerciorarse de que el refuerzo conserve su doblez (paso 14). Empezando por la franja superior acomode los pliegues en espacios uniformes hasta lograr un plegado delicado; siga el sentido de la fibra del tejido del paño a fin de que los pliegues queden perpendiculares al piso.

18 Engrape una faja angosta de una tela o muselina que haga juego, rodeando los paños de las cortinas, a una distancia media entre la franja superior y el dobladillo para que los pliegues se mantengan en la posición recogida. No deje la faja muy tensa para que los pliegues no se arruguen.

19 Asegure con grapa la otra faja de tela a la altura de la línea del dobladillo. Verifique que las cortinas tengan una caída recta a partir del riel. Deje las cortinas en esta posición durante dos semanas para que los pliegues se asienten. En climas húmedos, basta con una semana.

CORTINAS PLISADAS CON FORRO

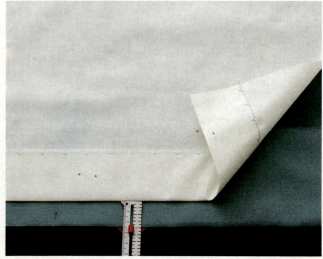

1 Cosa el paño de la cortina tal como se indicó en el paso 1 de la pág. 41. Una con costuras los anchos del forro según se requiera, retirando los orillos para que no se arruguen; termine los márgenes de costura con orillado de punto de surjete haciendo zigzag. Planche, en el borde inferior, dos veces hasta 5 cm (2") por debajo por el revés; haga costuras para realizar un dobladillo de doble pliegue, aplicando puntada invisible o recta.

2 Coloque el paño de las cortinas en una superficie plana. Coloque el forro sobre el paño de la cortina con sus reveses uno contra otro y el borde inferior del forro 2,5 cm (1") por encima del borde inferior del paño de la cortina; los bordes bastos quedarán emparejados en los costados.

3 Marque el forro a 20,5 cm (8") del borde superior del paño de la cortina. Corte con tijeras a lo largo de la línea demarcada.

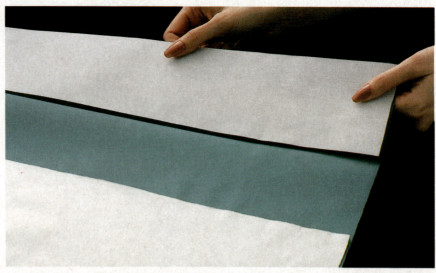

4 Corte la entretela del mismo ancho de cada cortina. Colóquela alineada con el borde superior de la cortina, por el revés. Doble la entretela y la franja superior (encabezamiento de la cortina) hacia el revés; plánchelas.

5 Vuelva a doblar, para encajar la entretela en el paño; planche. El borde del forro deberá quedar parejo con el tope de la franja superior de la cortina. Asegure con alfileres o embaste a mano adecuadamente.

6 Planche dos veces hasta 3,8 cm (1 1/2") bajo los lados, con el forro y el paño de la cortina doblados como un solo paño. Embaste los contrapesos de las cortinas por dentro de los dobladillos laterales, aproximadamente a 7,5 cm (3") del borde inferior.

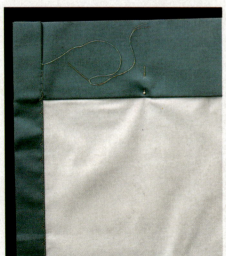

7 Cosa dobladillos laterales de dos dobleces con puntada invisible o recta; cosa a mano el dobladillo lateral en el encabezamiento de la cortina.

8 Termine las cortinas tal como se indicó en las págs. 41 a 44, pasos 5 a 19.

Los pliegues agrupados (foto de fondo) le dan atractivo a los topes del cortinaje. Se elaboran con la costura de cortinas plisadas (pág. 39), con espaciados diferentes entre los pliegues tal como se describió en el paso 5 de la pág. 41.

Los pliegues de doble prense (a la izquierda) tienen dos pliegues en lugar de tres, con lo que dan una apariencia informal (pág. 48).

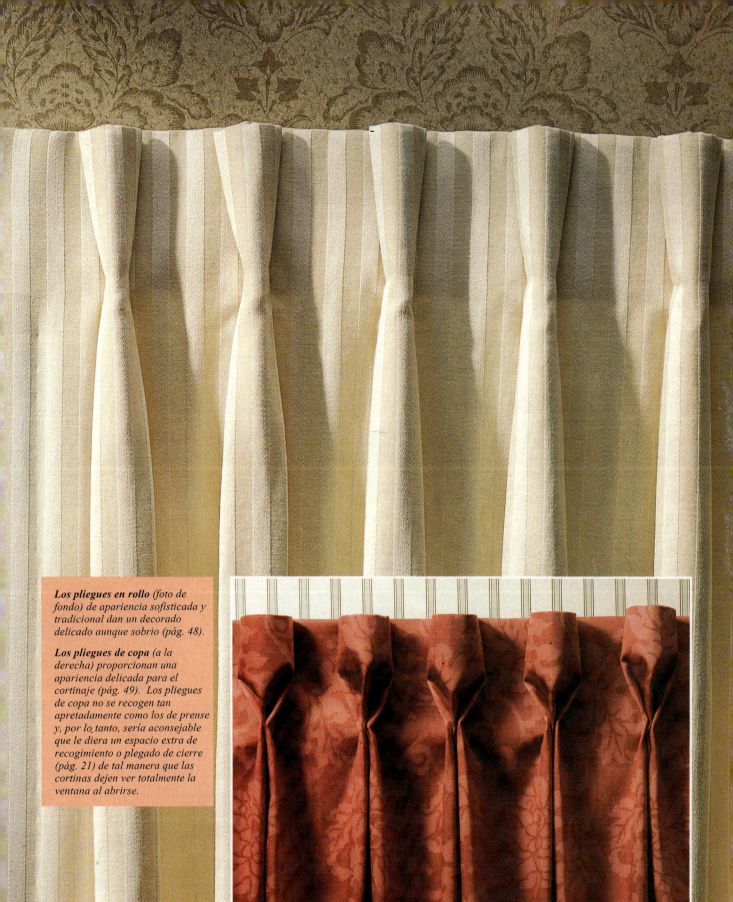

Los pliegues en rollo *(foto de fondo) de apariencia sofisticada y tradicional dan un decorado delicado aunque sobrio (pág. 48).*

Los pliegues de copa *(a la derecha) proporcionan una apariencia delicada para el cortinaje (pág. 49). Los pliegues de copa no se recogen tan apretadamente como los de prense y, por lo tanto, sería aconsejable que le diera un espacio extra de recogimiento o plegado de cierre (pág. 21) de tal manera que las cortinas dejen ver totalmente la ventana al abrirse.*

CORTINAS GRUESAS CON PLIEGUES EN ROLLO

1 Siga los pasos 1 a 8 de las págs. 41 y 42 con respecto a las cortinas gruesas sin forro. O para cortinas gruesas con forro, los pasos 1 a 7 de las págs. 44 y 45 y los pasos 5 a 8 de las págs. 41 y 42. Extienda el pliegue en el borde del tope de la cortina; presionando con dos dedos por debajo del pliegue, aplánelo de manera que quede centrado sobre la línea de la costura.

2 Enrolle los costados del pliegue para que los bordes queden alineados con la costura.

3 Embaste los pliegues, como en el paso 12 de la pág. 43; pespunte cerca al borde doblado. Inserte los ganchos e instale las cortinas como en los pasos 13 a 19 págs. 43 y 44.

CORTINAS PESADAS CON PLIEGUES DE DOBLE PRENSE

1 Siga los pasos 1 a 8 de las págs. 41 y 42 aplicables a las cortinas sin forro. O, para las cortinas forradas, los pasos 1 a 7 de las págs. 44 y 45, y los pasos 5 a 8 de las págs. 41 y 42. Abra el pliegue desde el borde del encabezamiento o franja superior de la cortina. Aplane el pliegue para que quede sobre la línea de la costura.

2 Levante los bordes plegados. Oprima con los dedos para juntar los dos pliegues, fijándose que queden emparejados. Embaste los pliegues tal como se indicó en el paso 12 de la pág. 43. Inserte los ganchos e instale las cortinas según se describió en los pasos 13 a 19 de las págs. 43 y 44.

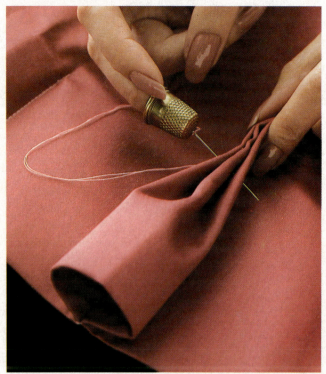

1 Siga los pasos 1 a 8 de las págs. 41 y 42 para cortinas gruesas sin forro. O, para cortinas gruesas con forro, los pasos 1 a 7 de las págs. 44 y 45 y los pasos 5 a 8 de las págs. 41 y 42. Extienda el pliegue en el borde superior de la franja de cortina; prense el paño en la parte inferior del refuerzo en tres o cuatro pliegues pequeños.

2 Embaste o hilvane a mano aplicando puntada profunda o de través utilizando un dedal para trabajo pesado; o haga una costura de embaste a máquina exactamente arriba del borde inferior del refuerzo.

3 Forme un pliegue redondo, con forma de copa. Cosa a mano a lo largo del borde superior de la cortina, tal como se ilustra aquí, hasta 1,3 cm (1/2") a cada lado de la línea de costura. Planche las cortinas a temperatura media y en seco.

Inserte papel de seda en los pliegues a fin de que se afirme la forma de copa. Inserte los ganchos e instale las cortinas gruesas tal como se indicó en los pasos 13 a 19 de las págs. 43 y 44. Retire el papel de seda cuando vayan a lavar las cortinas.

CORTINAS CON TIRAS DE ANUDAR

Si desea cortinas informales, elabore unas con correas de anudar. Esta clase de cortinas, sostenidas de barras decorativas, resultan sencillas y descomplicadas sin dejar de poseer gran estilo. Las cortinas con correas de anudar tienen una excelente línea de caída y son de fácil costura. El tamaño de las correas y su distancia de separación pueden presentar variaciones, según el aspecto que les quiera imprimir.

MATERIALES

- Paño decorativo y material para forros de cortinas
- Forro para hacer juego o contrastar, para las correas
- Pértiga o barra decorativa para cortinas
- Contrapesos para cortinas

INSTRUCCIONES PARA EL CORTE

Determine la longitud de acabado de la cortina con la medición desde la parte baja de la pértiga o barra hasta el punto en el que desea que quede el borde inferior de la cortina; a continuación reste la distancia o espacio que quiere que quede entre la parte inferior de la pértiga y el borde superior de la cortina. Igualmente, determine el ancho del dobladillo del borde inferior. Por lo general se aplica un dobladillo de dos dobleces de 10 cm (4") en el paño decorativo de las cortinas y uno de 5 cm (2") de dos dobleces para el forro.

La longitud de corte del paño decorativo será igual a la longitud de acabado deseada para la cortina más el doble de ancho del dobladillo más 1,3 cm (1/2") para el margen de costura o pestaña en el borde superior.

El ancho de corte del paño será igual a dos, o dos veces y media el ancho de la barra. Luego de multiplicar el ancho de la barra por la cantidad deseada de paño plisado, agregue 15 cm (6") por cada sección de paño de cortina a fin de dejar dobladillos laterales de doble plegado. En caso de que

se requiera agregar secciones de paño para lograr el ancho de cada cortina, agregue 2,5 cm (1") por cada costura de empalme.

La longitud de corte del forro es 12,5 cm (5") más corto que la longitud de corte del paño decorativo de la cortina; ello permite que el dobladillo de dos dobleces de 5 cm (2") del borde inferior y el forro sean 2,5 cm (1") más cortos que la cortina una vez terminados. El ancho de corte del forro será igual al ancho de corte del paño de la cortina.

Fije el ancho de acabado que quiere para las correas o tiras de anudar. Luego, calcule el espaciado y el número de tiras que irán en cada cortina; se colocan de a dos tiras en cada punto. La separación entre ellas debe ser uniforme entre 7,5 y 20,5 cm (3" a 8") dependiendo del aspecto que desee.

Corte una tira de paño decorativo y una de forro, ya sea para hacer juego o para contrastar, de 1,3 cm (1/2") más ancho y 2 cm (3/4") más largo que el tamaño deseado de acabado.

Decida el largo de la tira sujetándolas con alfileres amarradas con nudos o moños, según lo prefiera; marque la tira en el punto donde alcanza la longitud deseada, por medio de alfileres. Desate y corte las tiras a una longitud igual a la demarcación más 2 cm (3/4") para los márgenes de costura.

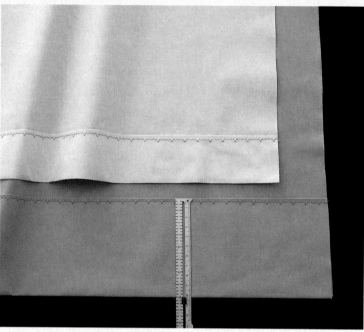

1 Coloque una tira de paño y una de forro por el derecho, una contra la otra, alineando los bordes bastos. Cosa 6 mm (1/4") alrededor de los largos y uno de los extremos de la tira. Repita el procedimiento para las demás correas. Corte las esquinas con tijeras, voltéelas para que queden por el derecho y plánchelas.

2 Haga la costura de los anchos del paño, si fuere preciso, para cada sección del cortinaje; repita el procedimiento para los forros. Planche, en el borde inferior del paño de la cortina de cada sección, 10 cm (4") hacia abajo, dos veces, por el revés. Cosa para hacer el dobladillo de dos dobleces, aplicando puntada invisible o recta. Repítalo para el dobladillo del forro, aplicando planchado dos veces, hasta 5 cm (2") hacia abajo.

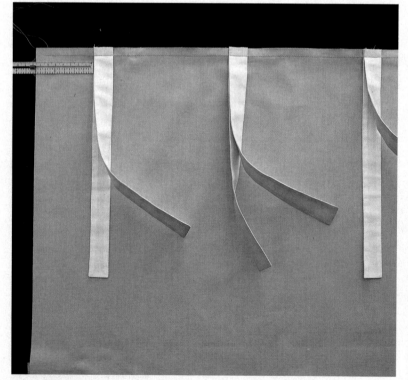

3 Asegure con alfileres el derecho de la cortina en el borde superior, con los bordes bastos alineados y los derechos de las tiras hacia abajo; coloque dos tiras en cada punto. Se deben colocar las tiras de los extremos a 7,5 cm (3") de cada lado de la sección o panel de cortina. Coloque las demás tiras espaciadas uniformemente entre las dos tiras mencionadas de los extremos. Embaste las tiras a máquina, en el lugar correcto.

4 Coloque la cortina y su forro, con sus derechos uno contra el otro, alineando los bordes bastos a los lados y en el borde superior; coloque alfileres. El forro deberá quedar 2,5 cm (1") más corto, en la parte inferior, que la cortina.

5 Haga una costura de 1,3 cm (1/2") en el borde superior; abra los márgenes de costura utilizando plancha y luego doble el forro por el revés de la cortina. Planche.

6 Planche dos veces hasta 3,8 cm (1 1/2") hacia abajo, con el forro y el paño de la cortina formando un solo paño. Embaste los contrapesos para cortinas en el interior de los dobladillos laterales a aproximadamente 7,5 cm (3") del borde inferior.

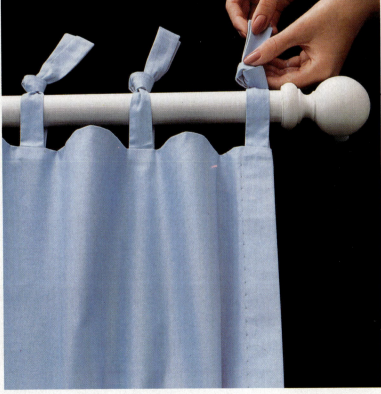

7 Cosa los dobladillos de dos dobleces con la utilización de puntada invisible o puntada recta

8 Haga los nudos alrededor de la pértiga o de la barra. Instale la pértiga en sus soportes.

VARIACIONES EN CORTINAS CON TIRAS DE ANUDAR

Las tiras sobrias *(foto de fondo) ofrecen un aspecto de sencillez en el caso de estas cortinas. A cambio de anudar las tiras, los dos extremos se insertaron en la costura del borde superior de la cortina. En cada marco de colocación se inserta una tira; el tamaño acabado de las tiras que aparecen en la foto es de 6,5 x 23 cm (2 1/2" x 9"). El espacio de separación entre ellas es de 11,5 cm (4 1/2").*

Las tiras alternadas *(a la derecha) se anudaron entre sí para producir pliegues delicados y uniformes. La cortina tiene una amplitud o desplegado de dos veces y media. El tamaño de acabado de las tiras que aparecen aquí es de 3,8 x 28 cm (1 1/2" x 11"). Para esta cortina se utilizó un número par de tiras y el espacio entre ellas es de 7,5 cm (3").*

Las tiras de nudos *(pág. siguiente) de dos colores fueron anudadas cerca de las cortinas para lograr una apariencia diferente. El tamaño acabado de las tiras que rodean el paral es de 3,8 x 38 cm (1 1/2" x 15"). Se aplicó un número par de tiras en estas cortinas y el espacio de colocación entre ellas es de 15 cm (6").*

CORTINILLAS O VISILLOS ROMANOS

La cortinilla romana casual es de apariencia sencilla, de estilo actual y tiene la propiedad de complementar muchos tipos de decoración. Un bordeado plisado cae delicadamente en el borde inferior para atenuar la apariencia sobria que tendría sin él. Este estilo tan sólo tiene las hileras de argollas lo que la hace fácil de elaborar. Se le puede agregar una cenefa cuando la cortinilla sea de instalación exterior. La cenefa posee retornos a los lados para ocultar el armante de montura (tabla de montaje) y los accesorios de soporte.

Si se quiere que las cortinillas tengan un buen perfil de caída, el ancho acabado de la misma no deberá sobrepasar los 122 cm (48"); dicho tamaño se puede cortar de un paño decorativo de 137 cm (54") de ancho.

Antes de proceder a realizar el presente proyecto, lea atentamente las págs 18 y 19 concerniente al revestimiento e instalación de los tableros de montaje. En las cortinillas de montaje inferior, se podrán completar los pasos 1 y 2 de la pág. 19 antes de elaborar la cortinilla; o en el caso de las de montaje exterior, se podrán completar los pasos 1 a 4 de la misma pág.

MATERIALES

PARA LA CORTINILLA ROMANA

- Paño decorativo
- Material para forro
- Tablero de montaje, o armantes de montura para cortar tal como se indicó en las págs. 18 y 19
- Barras de ángulo en hierro, más cortas que la sección saliente del tablero de montaje; tornillos de cabeza plana para madera; dos argollas roscadas o armellas
- Dos extensiones de cuerda para cortinilla, de un largo suficiente como para subir la cortinilla, a través de su parte superior, y parcialmente por su costado
- Argollas plásticas de 1,3 cm (1/2"); dos argollas para cada longitud de cortinilla de 15 cm (6")

- Una barra de metal de contrapeso de 1 cm (3/8"), 1,3 cm (1/2") más corta que el ancho de la cortinilla
- Tachuelas o pistola de pegante y grapas
- Cuña para toldo

PARA LA CENEFA

- Listón de madera de 1,3 x 2 cm (1/2" x 3/4"), como uno de detención en pino, cortado de la misma longitud que el tablero de montaje
- Tres tornillos para madera laminada para pared
- Taladro para perforar los orificios para tornillos; broca de 3,8 mm (5/32")

INSTRUCCIONES PARA EL CORTE

Determine el ancho y la longitud de acabado de la cortinilla; los pliegues del borde inferior han de colgar 5 cm por debajo de la longitud de acabado, en la mitad de la cortinilla.

Corte el paño decorativo para la cortinilla 15 cm (6") más ancho. Corte la longitud del paño de la longitud de acabado más la proyección o sección saliente del tablero de montaje

más 3,8 cm (1 1/2") para el bolsillo o entubado de la barra de soporte y 53,5 cm (21") para los pliegues de la cortinilla en el borde inferior. El ancho de corte del forro será igual al ancho de acabado de la cortinilla; corte el forro de la misma longitud que la del paño decorativo.

1 Planche un doblez 3,8 cm (1 1/2") del borde a los lados de la tela decorativa; planche a continuación otro doblez de 3,8 cm (1 1/2")

2 Coloque el forro sobre la tela de la cortinilla, juntando los reveses y emparejando los bordes superiores e inferiores; a los lados, coloque el forro bajo los dobladillos hasta el punto del segundo doblez.

3 Sujete con alfileres los dobladillos al forro; aplique puntada invisible o fúndalos.

4 Planche a 1,3 cm (1/2") por debajo del forro y el paño decorativo en el borde inferior, planche a 2,5 cm (1") por debajo, para formar un bolsillo o entubado para la barra. Cosa cerca al primer doblez.

5 Marque los puntos de ubicación para cada hilera de anillos o argollas trazando unas X separadas 15 cm (6") en sentido vertical. Marque empezando por la parte inferior de la cortinilla dos X a 3,8 cm (1 1/2") del costado de la cortinilla. Marque las siguientes dos X a 4,5 cm (1 3/4") del costado. Marque las restantes X a 6,5 cm (2 1/2") del costado. Repita el procedimiento para la hilera de anillos del otro lado de la cortinilla.

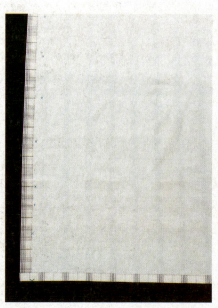

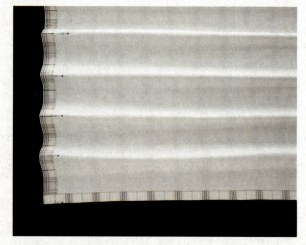

6 Sujete con alfileres el paño y el forro en el centro de guías de los anillos, colocando los alfileres paralelos a la parte inferior de la cortinilla. Doble la cortinilla en pliegues a la manera de acordeón, por los puntos donde se colocaron los alfileres, para la fijación de los anillos.

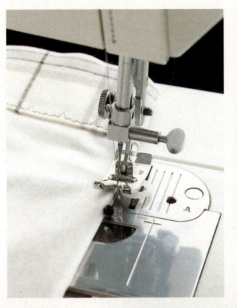

7 Colocación de anillos a máquina. Fije los anillos o argollas colocando el doblez bajo la orquilla del pisacostura con el anillo muy cerca del doblez. Gradúe el zigzag a la medida más ancha; fije la longitud de costura en O. Cosa sobre el anillo, asegurándolo con unas ocho puntadas. Refuerce las puntadas dando de a dos o tres puntadas donde corresponda, con la anchura y la longitud de puntada graduadas en O.

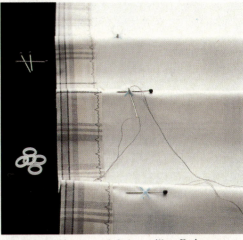

7 Colocación manual de los anillos. Embaste los anillos a mano aplicando doble hilo en la aguja y cosiendo en el lugar adecuado a través de las dos capas de paño, con cuatro o cinco puntadas.

8 Déle acabado a los bordes bastos del borde superior de la cortinilla con orillado de punto de surjete o con zigzag. Cubra el tablero de montaje (pág. 18), si desea; engrape o asegure con tachuelas la cortinilla a la parte superior del tablero de montaje, alineando el borde superior de aquella al borde del tablero.

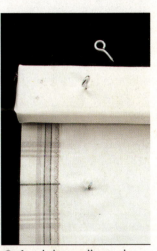

9 Instale las argollas en el tablero para que queden alineadas con las hileras de anillos de la cortinilla.

10 Una los cinco anillos inferiores de cada hilera con una extensión de cuerda aplicando un nudo arriba. Aplique pegante para paño sobre el nudo y al extremo de la cuerda para que el nudo no se deslice.

11 Pase la cuerda a través de los demás anillos y de las argollas; pase la cuerda desde la primera argolla por la parte superior del tablero hasta atravesar la segunda argolla roscada. Habiendo extendido previamente la cortinilla, corte las cuerdas con un exceso de longitud en el costado para subirla y bajarla.

(Continúa)

12 Suavice los extremos de los contrapesos de barra limándolos o cúbralos con cinta. Inserte la barra en el entubado (o bolsillo); cierre los extremos del entubado cosiendo a mano. Si lo desea, hágale una cenefa (ver sección siguiente).

13 Arme la cortinilla como en la pág. 17, paso 3, si se trata de una montura interna; o como en el paso 5 de la misma pág. si es una montura externa. Ajuste las cuerdas con la cortinilla extendida para que la tensión en cada cuerda sea pareja. Inserte los extremos de la misma en la parte superior del tiro de la cortina; anúdelos.

14 Atornille la cuña para toldo en el marco de la ventana o en la pared.

15 Recoja la cortinilla; enrolle las cuerdas en la cuña para toldo. Arregle los pliegues. Deje la cortinilla en esta posición durante dos semanas para fijar los pliegues. Bajo condiciones de humedad, sólo se requerirá de una semana.

ELABORACION DE UNA CENEFA (DOSELERA)

INSTRUCCIONES PARA EL CORTE

Corte el paño o tela decorativa para la cenefa de un ancho igual al acabado deseado de la cortinilla más el doble de la saliente del tablero o listón de montaje, más 6,5 cm (2 1/2"); con estas medidas se da campo a los márgenes de costura, holgura y retorno, incluyendo 1,3 cm (1/2") para la saliente

del listón de tope. Para determinar la longitud de corte de la cenefa o doselera, agréguele a la longitud deseada de la cenefa la saliente de la tabla de montaje más 1,3 cm (1/2") para la saliente del tope; multiplique este resultado por dos.

1 Cubra el listón de tope con paño tal como se hizo con la tabla de montura (pág. 18), si así lo prefiere. Marque los puntos de colocación de los tornillos sobre el lado del tope que tiene 2 cm (3/4") de ancho, con una marca en el centro y otra a 2,5 cm (1") de cada extremo.

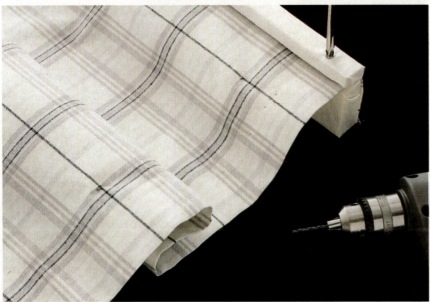

2 Coloque el listón de tope en el frente de la cortinilla, con los bordes superiores alineados. Perfore las marcaciones atravesando el tope y la tabla de montura con una broca de 3,8 mm (5/32"). Fije el listón de tope a la tabla de montaje por medio de tornillos.

3 Doble el paño de la cenefa en dos mitades a lo largo, con los derechos juntos; haga costura de 1,3 cm (1/2") en los extremos cortos.

4 Voltee la cenefa para que quede al derecho; planche. Dele acabado a los bordes bastos con orillado de punto de surjete o zigzag. Planche por debajo del borde superior en una magnitud igual a la saliente; planche los retornos en los costados.

5 Engrape la cenefa a la parte superior de la tabla de montura con el doblez planchado a lo largo del borde frontal de la tabla. Haga unión a inglete en las esquinas, (en diagonal); engrape en los puntos convenientes sobre la parte superior de la tabla de montura si es necesario, aplicando pegante para mantener los retornos sin arrugas.

Esta delicada cortinilla vaporosa con encajes tiene una caída tan suave como la de un paño fruncido al extenderlo hacia abajo. Al levantarla, la parte inferior de la cortinilla forma suaves ondulaciones a manera de nubes. La cortinilla se puede usar por sí misma como un arreglo de velo de cortina.

La parte superior del corte con encajes se recoge con cinta de frunce y se fija en una tabla de montura con cinta adhesiva de ganchos y presillas. Para levantar la cortinilla se utiliza hilo de nylon.

Seleccione un encaje con orlado decorativo y del ancho suficiente para que la longitud de la cortinilla pueda cortarse transversalmente sobre el paño, con el fin de aplicar el orlado en el borde inferior y evitarse las costuras en la cortinilla. O escoja una tela de encaje del tamaño suficiente para la cortinilla.

El tamaño de cada onda de la cortinilla terminada es generalmente de 23 a 30 cm (aprox. 9" a 12"). Con base en el tamaño de las ondas, determine la cantidad que quiera para la cortinilla.

Para empezar, lea las págs. 18 y 19 sobre el cubrimiento e instalación de las tablas de montura. Para cortinillas de montura interior, se pueden completar los pasos 1 y 2 de la pág. 19, antes de elaborar la cortinilla; o si se trata de montura externa, se completan los pasos 1 a 4 de la misma pág.

MATERIALES

- Yardaje o pieza de encaje con borde u orla decorativa
- Tela o paño para hacer juego al cubrir la tabla de montaje
- Cinta transparente para frunce de tres cuerdas
- Nylon de resistencia; tiradores giratorios de campana de tamaño 3/4, pintados para hacer juego con el encaje
- Cinta adhesiva de ganchos y presillas (broches y corchetes)

- Tabla de montura, cortada tal como se indicó en las págs. 18 y 19
- Angulos de hierro, más cortos que el ancho de la tabla de montura; tornillos de cabeza plana para madera
- Argollas roscadas (armellas); cuenta o abalorio grande en madera; cuña para toldo; tiro con contrapeso para cortina
- Grapadora o grapas para trabajo pesado

CORTINILLA VAPOROSA CON ENCAJES (DE MONTURA INTERIOR)

INSTRUCCIONES PARA EL CORTE

Haga la cortinilla con un desplegado de dos o dos veces y media de la extensión con pliegues comprimidos, según la apariencia que quiera darle y el tipo de cinta de frunce que se utilice. Para calcular el ancho de corte de la cortinilla, multiplique el ancho de la tabla de montura por el desplegado deseado y agregue 10 cm (4") para los dobladillos laterales de 2,5 cm (1") de dos dobleces. La longitud de corte debe ser 2 cm (3/4") más que la longitud de acabado deseado.

1 Pase la plancha dos veces hasta 2,5 cm (1") hacia adentro por los lados de la pieza de cortinilla; cosa los dobladillos. Planche 2 cm (3/4") bajo el borde superior. Corte la cinta del ancho del corte ya con dobladillos más 5 cm (2"). Voltee hacia abajo 2,5 cm (1") de los extremos de la cinta; use alfileres para atravesar los cordones. Coloque la cinta sobre el revés de la tela de encaje, con el borde superior a 6 mm (1/4") del doblez. Cosa a lo largo de los bordes superior e inferior de la cinta.

2 Marque con alfileres la colocación de las hileras de nylon, por dentro de cada dobladillo lateral con alfileres (señalados con puntos verdes en la foto) sobre el revés a intervalos de 12,5 a 15 cm (5" a 6") y el primer alfiler a 5 cm (2") del borde inferior de la cortinilla. Mida la distancia entre las hileras externas; divida esta cifra por el número deseado de ondas para la cortinilla. Señale con alfileres las demás hileras con una separación igual al resultado de esa división, al igual que para las hileras externas. No coloque alfileres en un espacio de 12,5 cm (2") por dentro de la cinta de frunce.

(Continúa)

3 Entreteja el nylon para la primera hilera pasándolo alternativamente por dentro y fuera de la tela de encaje en los puntos demarcados con alfileres, dejando una cola de 30,5 cm (12") en el extremo inferior; extienda la longitud de cuerda en la parte superior de la cortinilla para que quede lo suficientemente larga como para correr a través de la tabla de montaje y parcialmente por el lado opuesto hacia abajo.

4 Inserte el nylon en el borde inferior de la cortinilla por el aro de la perilla. Enrolle el extremo cuatro o cinco veces alrededor del mismo hilo. Asegúrelo pasando el extremo por el ojete del hilo, tal como se aprecia.

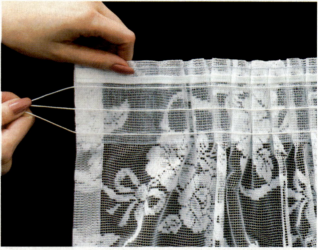

5 Repita los pasos 3 y 4 para las siguientes hileras; anude entre sí el nylon al costado de la cortinilla.

6 Anude entre sí las cuerdas en cada extremo de la cinta. Hale uniformemente para fruncir la tela, desde un extremo, al mismo tiempo que ajusta el ancho del tope de la cortinilla a la medida del marco interior de la ventana. Anude entre sí las cuerdas cerca a la cortinilla y corte el exceso.

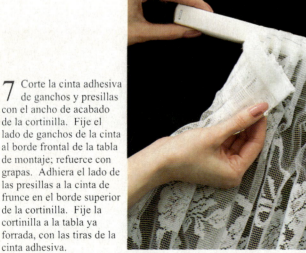

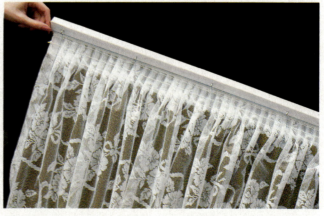

7 Corte la cinta adhesiva de ganchos y presillas con el ancho de acabado de la cortinilla. Fije el lado de ganchos de la cinta al borde frontal de la tabla de montaje; refuerce con grapas. Adhiera el lado de las presillas a la cinta de frunce en el borde superior de la cortinilla. Fije la cortinilla a la tabla ya forrada, con las tiras de la cinta adhesiva.

8 Inserte las argollas roscadas en la tabla de montura, centrándolas en la base y colocando una argolla por encima de cada hilera de nylon. Desate el nudo de los extremos del nylon: pase los hilos a través de las argollas.

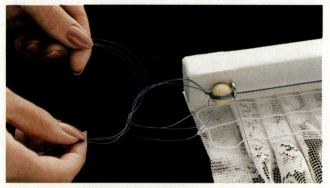

9 Ajuste el nylon para que la tensión de cada uno sea igual al instalar la cortinilla. Anude los hilos justo por debajo de la argolla o armella. Fije la cuenta o abalorio cerca al nudo.

10 Instale la tabla de montaje colocando la cortinilla tal como se indicó en la pág. 19, paso 3, concerniente a la tabla de montura interior. Corte los extremos para que emparejen con el lado de la cortinilla, pero con un exceso de longitud para el tiro. Inserte el hilo trenzado en el tiro con contrapeso para cortina; anude el extremo. Atornille la cuña de toldo en el marco de la ventana.

CORTINILLA VAPOROSA DE ENCAJE (MONTURA EXTERIOR)

INSTRUCCIONES PARA EL CORTE

Calcule un desplegado de dos o dos veces y media, según el aspecto que se desee y el tipo de cinta de fruncido que se utilice. Para determinar el ancho de la cortinilla, agregue al ancho de la tabla de montaje el doble de la magnitud de la saliente de la misma y luego multiplique dicha medida por el grado de despliegue escogido y agregue 10 cm (4") para dejar dobladillos de 2,5 cm (1") de dos dobleces.

La longitud de corte de la cortinilla es 2 cm (3/4") más grande que la longitud de acabado deseada.

1 Siga los pasos 1 a 5 de las págs. 65 y 66 de la cortinilla de montura interior. Anude entre sí las cuerdas en cada extremo de la cinta de frunce. Tire uniformemente desde uno de los extremos de las cuerdas a fin de fruncir la tela, ajustando el ancho del tope de la cortinilla hasta alcanzar el ancho de la cortinilla incluyendo los retornos.

2 Corte la cinta adhesiva de ganchos y presillas del ancho de acabado de la cortinilla, incluyendo los retornos. Adhiera la superficie de ganchos de la cinta al frente y bordes laterales de la tabla de montaje; refuerce con grapas. Fije la cortinilla a la tabla forrada de montura, alineando las tiras de la cinta de ganchos y presillas.

3 Inserte las armellas en la tabla de montaje, centradas en la base de la misma y con una armella por encima de cada mitad de hilera de nylon. Inserte también una argolla roscada centrada en la base de la tabla cerca de cada extremo: por allí pasarán las hileras del extremo del nylon.

4 Desate el nudo de los extremos del nylon; páselos a través de las argollas, tal como se aprecia en la foto. Complete la cortinilla siguiendo los pasos 9 y 10 de la sección anterior.

CORTINAS HECHAS CON SABANAS

A partir de sábanas decorativas de bordes ornamentados es posible crear cortinas que no exigen mucho esfuerzo. Si prefiere un arreglo romántico seleccione sábanas con pliegues o fruncidos o sábanas con encajes. Si lo que desea es una apariencia más sobria, seleccione sábanas con bordes planos o plisados. Y si quiere una cenefa, utilice imitación cojines que puedan hacer juego.

El borde decorativo de la sábana se aplica en cualquiera de los bordes interno, superior o inferior de la cortina, según el estilo del arreglo para ventanas. Defina el sitio de colocación del borde decorativo y qué cantidad de pliegues y paño desea para la cortina. Luego calcule el tamaño de la sábana que requiere, tomando en cuenta los espacios para el tope o parte superior de las cortinas, entubados para la barra de soporte y dobladillos.

Para resultados óptimos compre sábanas finas que posean un hilado denso. Al seleccionar las sábanas con patrones tenga presente que ciertos diseños que se presentan en un solo sentido, pueden no resultar apropiados en caso de que la sábana quede volteada hacia un lado o invertida. En caso de que el fruncido o el borde se quieran utilizar verticalmente en la cortina, el ancho de la sábana ha de ser de una longitud suficiente para la longitud de corte de la cortina.

Las franjas en calado sirven aquí de bordes decorativos de las cortinas con riel entubado y de la cenefa.

Las sábanas con bordes estampados le dan una apariencia especial a las cortinas. El borde se puede aplicar como la parte del tope de la cortina si se le cose a la sábana un corte de tela aparte en el revés de la sábana para el entubado o bolsillo.

Las fundas de cojines crean un arreglo elevado que armoniza con las cortinas elaboradas a partir de sábanas (pág. anterior). Doble en diagonal la imitación de funda de cojín y sujétela a la pértiga decorativa de madera con cinta de doble adhesión.

Esta cenefa de perfil de nubes (pág. 73), de delicadas ondas, se ha colocado con frunces en una barra o riel de cortina. El entubado o bolsillo para la barra fue elaborado tal como se indicó en la pág. 33.

Para el caso de las ventanas de la cocina, las toallas resultan un arreglo creativo que proporcionan un diseño informal y descomplicado. Las toallas vienen bien para cortinas de entubado y cenefas pequeñas. Se presentan en patrones similares, algunos de ellos con bordes contrastantes para darle una impresión a las cortinas de tener una decoración de bandas o cintas.

Las toallas de lino o que contengan un porcentaje de lino, tienen la propiedad de conservar la apariencia ondulada. Antes de elaborar las cortinas, lave las toallas a fin de pre-

encogerlas. Después plánchelas aplicando al tiempo un rociado de almidón.

Calcule el número de toallas que va a necesitar con base en el estilo del arreglo para ventana y en el tamaño de las toallas. Tenga en cuenta que éstas se pueden voltear para que queden de lado en la cortina.

Utilice las toallas con dobladillos para lograr un aspecto casero. Si tiene que unir con costura varias toallas para las cortinas y cenefas, vuelva a tomar dobladillos en los bordes inferiores si prefiere un mejor acabado.

CORTINAS CON TOALLAS DE COCINA

Cortinas abiertas con bandas sujetadoras (pág. 72): poseen una apariencia sobria. Se unieron dos toallas con costura que queda oculta bajo las bandas decorativas sujetadoras.

Cortinas de entubado estilo puerta de bar y con cenefa (foto superior derecha): se elaboran tal como las cortinas de entubado de barra (pág. 27); si hace uso de los dobladillos de las toallas, no debe agregar márgenes de costura.

Cortinas estilo bar: fáciles y rápidas de elaborar. Si las prefiere con anillos, cosa un dobladillo de 5 a 7,5 cm (2" a 3") en el borde superior de las secciones de cortina (izq. y der.) y cosa los anillos o argollas a cada toalla. Para las cortinas con tiras de anudar, cosa ojales horizontales en la parte superior de las cortinas e inserte cinta decorativa a través de ellos y anúdelas a una barra decorativa.

MATERIALES

- Cuatro toallas de cocina para las dos secciones de la cortina
- Una toalla que haga juego para hacer las bandas sujetadoras
- Barra de soporte para las cortinas
- Argollas o anillos para la banda sujetadora; ganchos de rambla, tendedor o ganchos de copa

1 Haga un doblez en el borde superior de las dos toallas de un ancho igual al de la profundidad de la parte superior de la cortina incluyendo al entubado de la barra; plánchelo. Cosa el tope de la cortina y el entubado para la barra tal como se indicó en los pasos 3 y 4 de la pág. 28.

2 Inserte la barra de soporte de la cortina por el entubado. Calcule el centro para la colocación de la banda sujetadora; márquelo en el borde exterior. Mida desde la marca hacia abajo hasta llegar a la longitud deseada de la cortina.

3 Corte las toallas a 1,3 cm (1/2") por debajo de la colocación demarcada para la banda sujetadora. Corte las otras dos toallas para las cortinas (izq. y der.) según la medida calculada en el paso 2 más 1,3 cm (1/2"). Cosa las secciones superior e inferior, con los derechos juntos con una costura de 1,3 cm (1/2"). Termine los márgenes de costura y abra la costura de 1,3 cm (1/2") con la plancha.

4 Elabore bandas sujetadoras (pág. 106). Cuelgue las cortinas y asegure las bandas como se indica en la pág. 107, con las costuras ocultas.

MATERIALES

- Toallas de cocina; cantidad suficiente para alcanzar el ancho del doble de la barra, midiendo las toallas longitudinalmente, ya que serán colocadas de lado

- Una barra de soporte para cortina de 2,5 cm (1") que tenga una saliente de 5 cm (2")

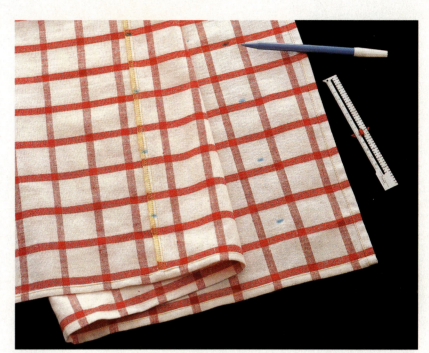

1 Haga una costura para empalmar las toallas a lo largo de los extremos, con los derechos juntos. Doble el borde superior de una medida igual a la profundidad deseada del tope de la cenefa, incluyendo el entubado; planche el doblez. Cosa el tope de la cenefa y el entubado como en la pág. 28, pasos 3 y 4.

2 Marque las líneas de doblez de los pliegues en cada costura por el revés de la cenefa; mida desde el borde inferior hacia arriba, haciendo cuatro marcos con una separación de aproximadamente 9 cm (3 1/2"). Marque, en los costados de la cenefa, las líneas del doblez para los pliegues a 9 cm (3 1/2") de los extremos de las toallas, espaciando las marcas unos 9 cm (3 1/2").

3 Doble el borde inferior para juntarlo con la primera marca; enseguida doble los pliegues donde corresponde, alineando las demás marcas. Embaste los pliegues a mano, cosiendo cerca de los dobleces y a través de todas las capas.

4 Inserte la barra para la cortina en el entubado, frunciendo el paño uniformemente. Instale la cenefa en los soportes.

FESTONES INFORMALES

En caso de que opte por un areglo casi instantáneo para ventanas, adorne a manera de colgadura un corte de paño o tela dispuesto sobre un paral decorativo o cualquier accesorio metálico decorativo a fin de crear un festón informal de cuellos de encaje o de colgadura (más corta) de cortes de paño o tela decorativos. Los acabados van desde los sencillos hasta los más elegantes o desde los informales hasta los arreglos impactantes. Se pueden aplicar como adorno único en los marcos de las ventanas o acompañando a las cortinas o persianas para acentuar la decoración o suavizar determinado aspecto.

Si prefiere un festón descomplicado, sin forro ni costuras, utilice la pieza de género, pero doblando los orillos para fundirlos. Los dobladillos de los cuellos de encaje se pueden doblar diagonal o rectangularmente, para luego fundirlos. También se les puede dejar colgar hasta el piso y darles una caída decorativa ancha cuando no tienen dobladillos y si lo desea se le pueden agregar mangas de obispo.

Si le quiere imprimir una apariencia acabada por el derecho y el revés, sería mejor forrar los festones o drapeados. Particularmente sería aconsejable forrar el festón en caso de que se prefiera un color contrastante para los bordes interiores de las caídas de cascada, o si desea una mayor versatilidad para colgar decorativamente el género alrededor del accesorio metálico de soporte.

Se recomienda un género liviano, como el calicó o el satín. Evite los géneros pesados, resultan difíciles de manejar y probablemente no tengan una buena caída. Si utiliza un género de patrones, evite los diseños en un solo sentido.

La clave para lograr festones o drapeados hermosos radica en hacerles los pliegues decorativos y en la clase de arreglo. Si se trata de un festón básico, cuelgue el género o paño sobre una barra o sobre un accesorio metálico, y arregle las caídas a su gusto. Si lo que busca es una apariencia asimétrica, las caídas pueden ir en largos variados y cada una con un plegado diferente.

Una vez decidido el lugar de colocación del soporte metálico, determine qué largo quiere darle a las caídas; dado que la cantidad de género que se requiere para los festones y caídas depende de cómo se cuelgue en la ventana, sería recomendable no emprender arreglos para ventanas que exijan una longitud exacta de género. Tiene la opción de aplicar arreglo hasta el piso de caída ancha o decidirse por unas caídas de un largo de dos tercios o un tercio de la longitud de la ventana.

MATERIALES

- Género de decoración
- Material para forro, para los festones forrados
- Paral decorativo con sus accesorios, soportes medios para cortinas abiertas llamados alzapaños (función similar a las bandas sujetadoras)
- Alfileres de seguridad o cinta de doble adhesión, para fijar el género o tela al paral, según el caso
- Cordones para sujetar el género con caída ancha hasta el piso, en forma de pozo

INSTRUCCIONES PARA EL CORTE

Utilice todo el ancho del género. Calcule la longitud de corte para la pieza de género con la medición de la longitud de acabado deseado de cada caída y la distancia que cuelga entre los soportes metálicos decorativos.

Para elaborar los festones sin forro, agregue 12,5 cm (5") a la longitud antes calculada cuando el dobladillo sea diagonal o rectangular o agregue 46 a 66 cm (18" a 26") para cada plegado con caída hasta el suelo ornamentada a manera de pozo y 38 cm (15") por cada caída con manga de obispo.

Para los festones con forro, agregue 1,3 cm (1/2") para el margen de costura a la longitud anteriormente calculada, para cada caída de dobladillo diagonal o rectangular o agregue de 46 a 66 cm (18" a 26") para cada plegado con caída hasta el piso ornamentada en forma de pozo y 38 cm (15") por cada caída de manga de obispo.

1 **Dobladillos diagonales.** Recoja los orillos planchándolos; funda en el lugar adecuado (utilizando la cinta de acetato), hasta un punto a 12,5 cm (5") adentro de la esquina exterior de la caída y a 58,5 cm (23") de la esquina interior. Doble el género en diagonal entre los puntos señalados con alfiler; planche.

2 Doble el género para que quede parejo con los dobladillos laterales fundidos en las esquinas externas; planche. Funda los bordes de la caída donde corresponde.

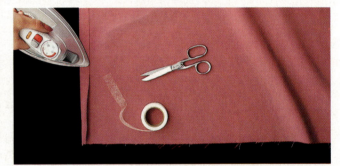

Dobladillos rectangulares. Doble los orillos planchándolos; fúndalos (con la cinta) en la margen donde corresponda. Doble hacia arriba 12,5 cm (5") en el borde inferior; funda por donde corresponde.

Pliegues de caída en pozo hasta el piso. Doble los orillos con plancha; funda ese margen. El borde inferior de la tela se deja como el borde basto que se insertará por debajo.

FESTON DRAPEADO CON FORRO

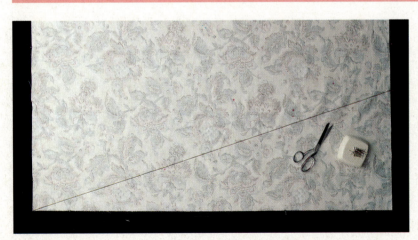

1 Coloque el género y forro exteriores con los derechos juntos. Si se prefiere pliegues diagonales, señale con alfileres a 46 cm (18") de las esquinas interiores de los dos extremos de la tela o género. Trace líneas desde las marcas de alfiler en sentido diagonal hasta la esquina exterior de la tela en el orillo opuesto. Corte con tijeras sobre los trazos.

2 Cosa a 1,3 cm (1/2") alrededor de los cuatro lados, con una abertura de 30,5 cm (12") en el centro de uno de los largos a fin de poder voltearlo. Corte en diagonal las esquinas. Abra las costuras con plancha. Voltee para que quede el derecho por fuera; cierre la abertura cosiéndola. Planche los bordes.

1 Cuelgue el género decorativo del paral o del accesorio decorativo metálico, disponiendo la tela del largo deseado. En caso de que las caídas sean de dobladillos diagonales, las esquinas más cortas deberán quedar hacia la ventana.

2 Doble el género en disposición de aspas formando pliegues profundos en cada extremo en el que cuelga la tela que ha sido colocada en la pértiga o accesorio metálico. Tire delicadamente del borde inferior de la porción central del festón a fin de darle la forma deseada; ajuste los pliegues.

3 Arregle los dobleces de las caídas. Sujete la tela a la parte superior de la pértiga o del accesorio metálico por medio de alfileres de seguridad o cinta de doble adhesión, si es necesario.

Mangas de obispo. Instale el soporte para el festón aproximadamente 15 cm (6") más alto que la altura deseada para la vuelta en U de la manga de obispo. Inserte la tela en el soporte del festón. Arregle la manga de obispo disponiéndola a manera de aspas, sin arrugas. Una los bordes de la tela con alfileres en la parte posterior para que tapen el soporte metálico.

Pliegues con caída ancha o 'de pozo'. Recoja con la mano el borde inferior de la tela, si el festón no tiene forro, y anúdelo con cordón, dejando por dentro los bordes bastos; déle a la tela el arreglo que desee en el piso. Si el festón es forrado, sólo tiene que arreglar la tela en delicados pliegues, doblando hacia adentro el borde inferior.

VARIACIONES EN FESTONES DRAPEADOS

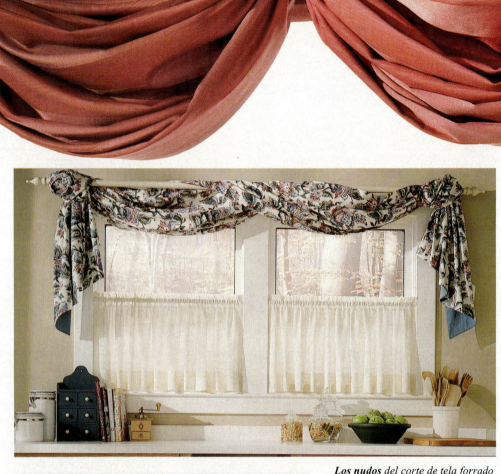

Los nudos del corte de tela forrado sostienen el festón colocado sobre una barra, para imprimir un aspecto contemporáneo. Se envolvió la tela por el centro de la barra formando dos festones.

Las argollas de aleación de bronce sirven de accesorio metálico decorativo para este festón y armonizan con otros accesorios de la sala en el mismo material.

Los accesorios decorativos especiales, como la pértiga con sus accesorios (foto superior) están diseñados para festones. En este juego de paral, las argollas sostienen la tela del festón en su lugar y el borde superior de la tela se mantiene tenso contra el respaldo de la barra por medio de cinta adhesiva de ganchos y presillas (o de broches y corchetes).

Las ménsulas de ornamentación estilo repisa se utilizan aquí como accesorios de soporte metálico para este festón, en el que se han colgado cordones decorativos con borlas a fin de realzar el arreglo.

Las caídas anudadas le agregan un toque de atractivo al tiempo que sujetan los bordes bastos de este festón sin forro ni costura. Se le han enlazado además cintas y clavelitas ('aliento de bebé') alrededor de los nudos para imprimir mayor atractivo.

Arreglos y accesorios para altos de ventanas

ARREGLOS BASICOS EN ALTOS DE VENTANAS

*Esta **cenefa de entubado** se utiliza combinada con las cortinas estilo bar-restaurante (pág. 30). Se alcanza cierto grado de privacidad pero dejando filtrar a la sala luz diurna.*

Los arreglos para los altos de las ventanas, utilizados sobre cortinas, colgaduras decorativas o cortinillas, tienen la propiedad de imprimir el aspecto personalizado de lo 'hecho a la medida'. Se les puede aplicar sin acompañamiento a fin de permitir que penetre más luz a la sala al tiempo que sirven de marco a una hermosa vista. Existe una amplia gama de posibilidades de estilos para aplicar un arreglo de altos de ventana, desde cenefas de delicados frunces o pliegues hasta las cornisas más sólidas.

Los estilos básicos de los arreglos para los altos de ventanas son más que todo adaptadores de cortinas y colgaduras decorativas. La gran parte de los estilos de cortinas y colgaduras, más cortas, de hecho resultan convertidas en cenefas. Para elaborar una cenefa debe tener en cuenta la

inclusión de 10 cm (4") para un dobladillo inferior de dos dobleces para la tela decorativa. Si es una cenefa con forro, incluye 5 cm (2") para un dobladillo de dos dobleces de 2,5 cm (1") del forro. La longitud de corte del forro deberá ser 7,5 cm (3") más corta que la de corte de la tela decorativa.

No existen muchas reglas para la aplicación de arreglos en altos de ventanas. En la mayoría de los casos, el largo del arreglo debería estar en proporción con la longitud total de la ventana. En el caso de las cenefas, dicha longitud representa generalmente una quinta parte del arreglo para ventanas y las cornisas pueden ser más cortas para que no resulten de aspecto abrumador o demasiado pesadas. Si quiere realzar la altura visual de una sala, el arreglo de los altos puede montarse algunos centímetros por encima de la ventana o en el techo.

La cenefa de entubado arqueado está formada por un corte de tela recto (pág. 27). La forma de la cenefa la adquiere debido a que se inserta una varilla arqueada en el entubado o bolsillo para la barra.

La cenefa de cinta ajustable, hecha a manera de cortinas adaptadas (pág. 34), se instala en un conjunto de pértiga con anillos.

La cenefa plisada es una variación de las cortinas plisadas de conjunto de pliegues (pág. 46). Haga un corte de género incluyendo la medida para un retorno a cada lado pero sin incluir solapamiento o superposición de cierre. Para mantener el tope o parte superior de la cenefa tenso, ésta se puede instalar en una tabla de montura, utilizando cinta de ganchos y presillas, tal como en el paso 2 pág. 67. Los postigos de la ventana y la cenefa hacen juego con la aplicación de los intercalados de la misma tela (pág. 119).

Las cenefas de tiras de anudar se hacen de la misma forma que las cortinas de tiras de anudar (pág. 53). La cenefa, colgada entre las dos secciones laterales de la cortina, se puede instalar en la misma barra decorativa.

CENEFAS AHUSADAS ESCALONADAS

Las cenefas ahusadas enmarcan la ventana con el elegante perfil de una delicada curva. Si quiere un arreglo sencillo, combine estas cenefas con persianas o con cortinillas plisadas. La cenefa cae por los lados de la ventana revelando su forro de contraste.

MATERIALES

- Tela decorativa
- Tela para forro
- Barra para cortina o conjunto de paral (paral y accesorios)

INSTRUCCIONES PARA EL CORTE

Decida el ancho o profundidad que va a emplear para el entubado de la barra y la parte superior de la cenefa.

Para calcular la longitud de corte de la cenefa, mida a partir de la base de la barra el largo deseado del lado; agregue, entonces, el doble del ancho del entubado de la barra y la superior de la cenefa más 2,5 cm (1") para el margen de costura y un doblez hacia abajo. Corte la tela decorativa y la del forro de dicha longitud calculada. Determine el ancho del corte de la cenefa y del forro como se indica para cortina de entubado y forro en la pág. 27.

Para calcular la longitud de corte para la parte central de la cenefa, agréguele a la longitud deseada para el acabado en la parte central el doble de la profundidad del entubado y franja superior de la cenefa más 2,5 cm (1") para el margen de costura y el doblez. La anterior medida se aplica para el paso 1 de la cenefa ahusada o escalonada.

CENEFA ESCALONADA O AHUSADA

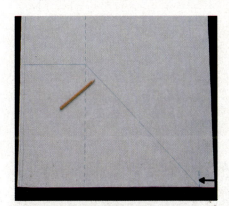

1 Si es necesario, haga la unión de anchos con una costura. Divida y marque el corte de tela para la cenefa en tercios, a lo largo, con tiza. Doble el largo en dos mitades; marque la longitud de corte para la parte central desde el doblez hasta la marca del tercio. Mida y marque la profundidad del retorno en el lado (ver flecha). Trace una línea recta desde la marca del retorno hasta la marca del tercio central.

2 Redondee la esquina superior en el punto de la marca del tercio y la esquina inferior en el retorno. Una las capas de tela con alfileres; corte a lo largo del trazo de la línea, siguiendo las marcas de las esquinas redondeadas. Corte la tela para el forro, tomando como patrón el corte para la cenefa.

3 Coloque juntos los derechos de los cortes de la cenefa y el forro. Haga una costura de 1,3 cm (1/2") alrededor de los bordes laterales e inferiores, dejando el borde superior abierto.

4 Planche el margen de costura del forro, dirigiendo la plancha hacia el forro. Corte con tijeras los márgenes de costura de las curvas y las esquinas de los retornos, diagonalmente.

5 Coloque la cenefa con el derecho hacia afuera; planche los bordes de costura. Planche 1,3 cm (1/2") bajo el borde superior con las dos capas de tela unidas; planche una franja igual a la profundidad del entubado más la franja superior de la cenefa. Cosa cerca del primer doblez. Cosa de nuevo en la parte inferior de la franja superior de la cenefa, usando sobre la máquina cinta como guía de costura.

6 Inserte la barra de la cortina en el entubado, recogiendo uniformemente la tela. Instale la barra en los soportes.

VARIACIONES
EN CENEFAS
AHUSADAS O
DOSELERAS
ESCALONADAS

El volante con frunces le da a la cenefa ahusada un aire campestre. Se ha utilizado una barra ancha en esta cenefa para realzar la franja superior de la misma. Para lograr una justa proporción, la longitud de la cenefa es de dos tercios la longitud de la ventana.

Las cenefas ahusadas cortas conservan el punto focal del arreglo de ventana en su parte elevada. Esta versión corta de cenefa puede presentarse sin volante de frunces (pág. 85) o con él (pág. siguiente).

CENEFA O DOSELERA ESCALONADA CON VOLANTE DE FRUNCES

MATERIALES

- Tela decorativa
- Tela para forro
- Barra decorativa o conjunto de pértiga
- Cordón, puede ser en algodón perlado, para fruncir

INSTRUCCIONES PARA EL CORTE

Corte las telas para la cenefa y el forro tal como se indicó en la pág. 85. Para el voladizo de frunces corte tiras del doble de ancho del fruncido más 2,5 cm (1") para los márgenes de costura. La longitud sumada de las tiras de tela debe ser igual a dos veces y media la medida a lo largo del borde curvado de la cenefa.

1 Prepare las piezas de tela para la cenefa y el forro tal como se indicó en la pág. 85, pasos 1 y 2. Una las tiras para los volantes de frunces con costura de 6 mm (1/4") y con los derechos juntos. Doble en dos la tira que ha resultado del empalme en sentido longitudinal, con los derechos juntos. Voltéela para que quede el derecho por fuera; plánchela.

2 Haga un zigzag sobre una cuerda por dentro del margen de costura del volante de frunces, justo arriba de la línea de costura. Haga costura de zigzag sobre un segundo cordón a 6 mm (1/4"), si lo prefiere, para obtener un mayor control al ajustar los frunces.

3 Divida el volante de frunces y los bordes curvados de la cenefa y los cortes de forro en cuartos y octavos; marque con alfileres, colocándolos a los lados de la cenefa y de las piezas de forro a 1,3 cm (1/2") de los bordes bastos. Coloque el volante de frunces a lo largo del borde curvado o ahusado, con los derechos juntos, empalmando los bordes bastos y las marcas de alfiler; tire de los hilos del fruncido para que se acomoden entre los alfileres. Embaste a máquina el volante de frunces dejando las marcas con alfileres en su sitio.

4 Coloque los derechos de la tela de la cenefa y del forro juntos, empalmando las marcas de alfileres. Haga una costura alrededor de los bordes laterales e inferiores de 1,3 cm (1/2"), dejando el borde superior abierto. Termine la cenefa como en los pasos 4 a 6 de la pág. 85.

DOSELERAS ELABORADAS CON MANTELERIA

Con sólo colgarlos decorativamente y fijarlos a un tablero o tela de montaje o barra de soporte estilo bar, los manteles se pueden convertir en hermosas doseleras (cenefas) de fácil y descomplicada elaboración. Se requerirá la cantidad suficiente de individuales, servilletas o manteles para obtener el ancho del arreglo y la longitud deseada de acabado.

Cuando se trate de cenefas de montura exterior con tabla de montaje, calcule qué tanto de ancho y profundo se necesita para la tabla de montaje para que no cubra el marco de la ventana o los arreglos de velo o cortinilla. Corte la tabla y cúbrala con tela, tal como se describió en las págs. 18 y 19.

Un mantel con orlado le da un toque de estilo a una ventana. Doble el mantel en diagonal y cuélguelo ornamentalmente sobre una barra estilo bar. Sujételo a la barra con cinta de doble adhesión.

MATERIALES

- Individuales (para mesa), servilletas, alfombras para mesa o manteles decorativos, según el estilo de la cenefa; en algunos proyectos se necesitarán cintas decorativas
- Tabla de montaje forrada (pág. 18) o barra estilo bar y cinta para alfombra, de doble adhesión, según el estilo de la cenefa.

- Barra de ángulo en hierro, en caso de que el arreglo se instale en una tabla de montaje; un ángulo de hierro para cada extremo y una para cada intervalo de 115 cm (45") que permita el ancho de la tabla
- Grapadora y grapas para trabajo pesado
- Tornillos planos o chazos de expansión (pág. 18)

Este mantel con encajes *resulta ser una delicada doselera (cenefa). Engrapada a una tabla de montaje, esta doselera se ha anudado discretamente con cinta decorativa, tal como se describe en la pág. 91.*

Los individuales o las servilletas *lucen muy bien como doseleras (cenefas) (págs. 90 y 91). Al diseñar la colocación de estos linos, tenga presente que un número impar de puntas en la doselera proporciona un efecto visual más agradable.*

Este mantel estampado *resulta ser un sencillo festón para una ventana pequeña. Centre el mantel sobre una barra estilo bar y sujétela en un borde de la barra con cinta de doble adhesión. Agregue moños en los extremos para crear un festón con caídas.*

INSTRUCCIONES PARA EL CORTE

Corte la tabla de montaje y la tela y cubra la tabla (págs. 18 y 19). Los individuales se cortan para que encuadren una vez se haya decidido su colocación.

1 Arregle los individuales superponiéndolos para lograr un patrón atractivo. Revise la colocación para cerciorarse de que el arreglo haya quedado simétrico. Asegure con tachuelas los linos a la tabla de montaje.

2 Una los linos de los individuales tal como están superpuestos. Trace una línea sobre los linos exactamente por el borde posterior de la tabla de montura. Corte con tijeras el exceso de tela. Se pueden agregar a la cenefa las esquinas de los individuales que fueron cortados a manera de capas adicionales.

3 Quite la doselera de la tabla, pero dejando los linos unidos con alfileres. Hilvane los linos para unirlos; termine los bordes bastos con orillado de punto de surjete o zigzag.

4 Vuelva a colocar los linos en la tabla de montaje; engrape donde corresponda. Instale la cenefa tal como se indica en la pág. 19.

DOSELERAS UTILIZANDO INDIVIDUALES (DE MONTURA EXTERIOR)

INSTRUCCIONES PARA EL CORTE

Corte la tabla de montaje y la tela y cubra la tabla (págs. 18 y 19). Una vez determinada la colocación de los individuales, éstos se podrán cortar para que obedezcan a dicho diseño.

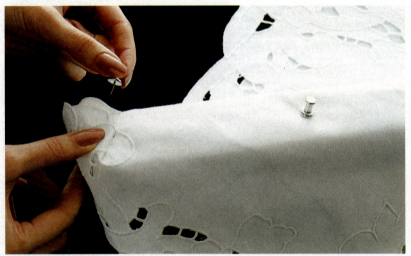

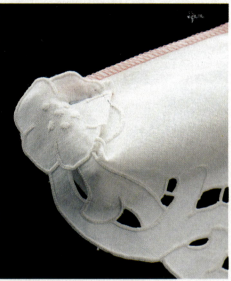

1 Arregle los individuales superponiéndolos para lograr un patrón atractivo y envuélvalos alrededor de los extremos de la tabla de montaje. Cerciórese de que la colocación responde a un arreglo balanceado. Asegure con tachuelas los linos a la tabla de montaje.

2 Siga los pasos 2 a 4 anteriores, pero uniendo en inglete las esquinas en los extremos.

DOSELERA UTILIZANDO UN MANTEL

INSTRUCCIONES PARA EL CORTE

Utilice un mantel del mismo ancho, o más ancho que la ventana que se quiere cubrir; cuando se trate de cenefas de instalación exterior, agregue retornos al ancho de la ventana. Corte el mantel en un extremo para que la longitud de la cenefa quede de aprox. 35 a 46 cm (14" a 18") más grande que la longitud deseada para el acabado. Corte la tabla de montaje y la tela para cubrirlo (págs. 18 y 19). Corte las cintas decorativas del doble de la longitud de acabado deseada de la cenefa más 10 cm (4").

1 Finalice el borde basto del mantel con orillado de punto de surjete o zigzag; engrape el borde a la parte superior cubierta de la tabla de montaje, con el mantel centrado. Acomode la tela que va quedando en exceso, haciendo pliegues pequeños. Para la cenefa exterior envuelva el mantel alrededor de los lados de la tabla y una las esquinas en inglete (foto superior).

2 Coloque la cinta decorativa bajo la doselera en los puntos deseados; engrápela a la tabla. Tire de la cinta para envolverla en el frente de la cenefa y ajústela en la posición deseada; engrape adecuadamente. Instale la cenefa como se describió en la pág. 19.

CORNISAS

Una cornisa es un marco de madera que se utiliza como arreglo para la parte superior o altos de ventana. Su función no consiste exclusivamente en enmarcar y darle un acabado al arreglo de ventana en el que se ocultan los accesorios metálicos, sino que además ahorra esfuerzo al servir de encercado a la parte más alta del arreglo.

Resulta fácil construir una cornisa, sólo se requieren algunas habilidades básicas de carpintería. Se le guarnece con molduras decorativas, que se presentan en variedad de diseños y tamaños. Las molduras de corona o los guardasillas enmarcan el borde superior y la moldura de la esquina exterior le da el acabado al borde inferior.

Pueden ir cubiertas con papel tapiz o ligeramente acojinadas y cubiertas con tela o paño. Para evitar tener que hacer empalmes, seleccione papel tapiz o género que se pueda voltear a los lados y utilizar en sentido longitudinal.

Tome las medidas para la cornisa una vez haya instalado los accesorios metálicos en su sitio. El espacio entre la cornisa y la barra para arreglo de velo o cortinilla deberá ser de al menos de 7,5 cm (3") y se debe extender al menos 5 cm (2") más allá, a cada lado, de las ménsulas del extremo de la barra. Estas medidas serán las del interior de la cornisa.

Para calcular la altura de la cornisa tome nota del hecho de que la cornisa deberá cubrir totalmente la franja superior de las cortinas o encabezamiento y a los accesorios metálicos de soporte, si uno u otro está presente. La altura de la cornisa debe estar en proporción con la longitud total de la ventana o con el arreglo de ventana. La cornisa puede llegar a ser la quinta parte del arreglo de la ventana, aunque se debe evitar que su efecto visual sea muy voluminoso. Las cornisas más pequeñas pueden resultar más apropiadas; las cornisas pequeñas lucen además con elegancia, lo que las hace particularmente apropiadas para las salas contemporáneas.

MATERIALES

- Madera terciada o triplez de 1,3 cm (1/2")
- Moldura para la esquina exterior y el borde inferior de la cornisa; moldura de corona para el borde superior
- Caja de ingletes y segueta o sierra eléctrica para ingletes
- Angulos de hierro, más cortos que el ancho de la tabla para el tope de la cornisa; tornillos de cabeza plana para madera
- Pegante para madera; puntillas de 3,8 cm (1 1/2") grapadora y grapas para trabajo pesado
- Pintura o tintura y masilla de color
- Imprimante para madera sin acabado, papel tapiz y pasta para empapelar
- Tela decorativa, forro, algodón en lámina o guata, adhesivo en aerosol y pegante para tela, para la cornisa forrada con tela

INSTRUCCIONES PARA EL CORTE

Mida y corte la pieza del tope de la cornisa para que corresponda con las medidas internas, incluyendo el cálculo del margen de separación con la barra de cortinas. Corte la pieza frontal de la altura deseada para la cornisa; el ancho de corte del frente de la cornisa será igual al ancho del tope de la corniza más el doble del grosor de la madera. Corte las piezas laterales de la misma altura de la cornisa y con ancho igual a la profundidad del tope de la cornisa.

La tela o género, el algodón en lámina y las piezas de moldura se deben cortar después de haber realizado el paso 2, descrito a continuación, según las medidas de la cornisa.

CORNISA FORRADA CON TELA

1 Pegue y clave cada pieza lateral a la pieza superior o tope, alineando los bordes superiores; fíjelos con clavos. Repita el procedimiento para la pieza frontal, alineándola con el tope y los lados.

2 Coloque la moldura para esquina en el borde inferior de la cornisa; trace una línea en el frente y lados de la cornisa por el borde de la moldura. Repita el procedimiento para la moldura de corona por el borde superior de la cornisa.

(Continúa)

3 Corte una franja de tela decorativa igual a la altura de la cornisa y de largo igual a la distancia alrededor del exterior de la cornisa más 20,5 cm (8"); si fuere necesario, una las piezas de tela y abra las costuras planchándolas. Corte la lámina de algodón o guata igual a la distancia entre las líneas trazadas sobre la cornisa y una longitud igual a la distancia alrededor de la cornisa. Adhiera la guata a la cornisa entre las líneas marcadas, con adhesivo en aerosol y tensando ligeramente el algodón a través del ancho de la cornisa.

4 Coloque la tela con el derecho hacia arriba y centrada sobre el frente de la cornisa; engrápela en el centro del frente, muy cerca de los bordes superior e inferior. Tense la tela hacia un extremo de la cornisa; asegure con grapas sobre el costado cerca del extremo. Repita el procedimiento para el lado opuesto.

5 Envuelva la tela alrededor del lado hasta el interior de la cornisa, biselando las esquinas en el borde superior; pegue donde corresponda. Repita el procedimiento para el lado opuesto. Deje que se seque el pegante; quite las grapas.

6 Pegue el borde basto de la tira a la cornisa a lo largo del borde inferior; deje que el pegante se seque. Alise bien la tela hasta el borde superior; pegue en el lugar adecuado.

7 Corte una pieza de forro de la altura interior de la cornisa más 1,3 cm (1/2"); la longitud del forro es igual a la medida interior del frente y lados. Fije el forro al interior de la cornisa con adhesivo en aerosol, alineando uno de los bordes largos bastos del tope. Corte con tijeras el forro de las esquinas; péguelo a los bordes inferiores de las tablas. Corte una pieza de forro para ajustarlo al tope de la cornisa; adhiéralo con adhesivo en aerosol.

8 Una en inglete las molduras de las esquinas para los costados de la cornisa en las esquinas frontales; deje un exceso de longitud en los listones de moldura. Corte en inglete la esquina de la moldura para el frente de la cornisa y deje un exceso de longitud.

9 Coloque los listones de moldura del frente y lado en una esquina. Marque la longitud de acabado de la pieza lateral para un extremo de corte recto.

10 Coloque la moldura lateral en el extremo opuesto. Utilizando una regla, marque el borde exterior de la moldura frontal. Marque el ángulo de corte. Corte en inglete.

11 Vuelva a colocar las molduras; marque y haga un corte recto de la pieza lateral que se ajuste.

12 Corte la moldura de corona para ajustarla alrededor del borde superior de la cornisa, siguiendo la misma secuencia que se aplicó para la moldura de la esquina. Para cortar en inglete la moldura de corona, coloque el borde superior de la moldura apretadamente contra el fondo de la caja de ingletes; el lado de la cornisa debe quedar apretado contra la parte posterior de la caja de ingletes **(a).** Para cortar en inglete la moldura, coloque el lado plano de la moldura contra el respaldo de la caja de ingletes **(b).**

13 Pinte o tinture las molduras, según lo prefiera. Fije las molduras a la cornisa, utilizando alfilerillos; los orificios de los alfilerillos se perforan con broca de 1,5 mm (1/16"). Utilice pegante para fijar los extremos biselados de las molduras.

(Continúa)

CORNISA FORRADA CON TELA (CONTINUACION)

14 Fije los bordes superiores de la moldura de corona, si utilizó dicha clase, con un clavo a cada esquina. Avellane los clavos con un punzón para clavos; llene los orificios con masilla que case con la tintura o retoque con pintura.

15 Instale la cornisa como se indicó en la pág. 19, concerniente a la tabla de montura externa; en lo posible, atornille los ángulos de hierro en parales, usando chazos expansivos de empotramiento.

CORNISA DECORADA CON PAPEL TAPIZ

1 Siga el paso 1 de la pág. 93; avellane los clavos del frente de la cornisa que se encuentran en los lados. Tape los orificios de los clavos y los bordes laterales del frente de la cornisa con tapaporos para madera; pula los bordes con lija.

2 Aplique una capa de imprimante a la madera. Corte el papel tapiz de una altura igual a la de la cornisa y un ancho igual a la distancia alrededor del exterior de ésta más 20,5 cm (8"); si fuere necesario, agregue anchos o longitudes de papel empalmándolos por los bordes. Aplique el papel tapiz utilizando engrudo y envolviendo los extremos alrededor de los lados hasta el interior de la cornisa.

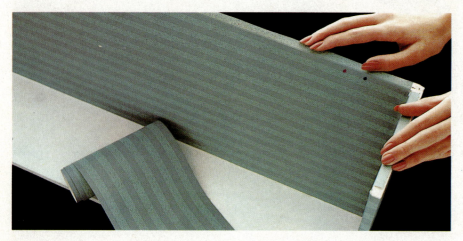

3 Corte una pieza de papel tapiz de la altura interior de la cornisa más 1,3 cm (1/2"); la longitud del papel tapiz será igual a la medida interior del frente y lados. Fije el papel al interior de la cornisa con pasta o engrudo, alineando uno de los bordes largos con el tope o parte superior. Corte el papel en las esquinas y péguelo con engrudo a los bordes inferiores de las tablas de la cornisa. Corte una pieza de papel tapiz para encajar en la parte superior o tope interior de la cornisa; aplíquelo con engrudo. Termine la cornisa tal como se describió en los pasos 8 a 15 de las págs. 95 y 96.

VARIACIONES DE CORNISAS

Las piezas moldeadas de madera se han cubierto con cabritilla sintética y luego se han aplicado a la cornisa para lograr un efecto dimensional.

Esta repisa para platos se dispuso en la cima de una cornisa para darle mayor atractivo. Está pintada para que armonice con la moldura.

El marco del cuadro adorna el frente de una cornisa tapizada con papel de colgadura que le da un efecto arquitectónico.

CORNISAS CON MANGUERAS DE DESFOGUE

Reproduzca el diseño de los accesorios metálicos usando una manguera o tubo de desfogue. Cubra la manguera con tela e inserte una barra de cortina y obtendrá una cornisa de estilo contemporáneo. Emplee una manguera revestida; en una cornisa con volumen, emplee dos o tres unidas.

Utilice una barra para cortinas, para la cornisa, que tenga una saliente de 12,5 cm (5"). Si la cornisa se instala sobre un arreglo de ventana ya existente, instale el arreglo de la cortina de velo o similar, que queda más adyacente frente a la ventana, en una barra con 5 cm (2") de saliente. Así se logra un margen suficiente entre el arreglo mencionado y la cornisa. La manguera de desfogue absorbe de por sí 3,8 cm (1 1/2") de dicho margen entre las barras. Para un margen de espacio a los lados del arreglo de velo (también llamado arreglo anterior para las ventanas), instale la barra de la cortina para cornisa 5 cm (2") más allá de la barra para el arreglo anterior de la ventana. En caso de que la cornisa no vaya acompañada de otro arreglo, instale la barra para cornisa 5 cm (2") más allá del marco de la ventana.

MATERIALES

- Tela decorativa
- Manguera de desfogue flexible de vinilo de 7,5 cm (3")
- Barra para cortina con una saliente de 12,5 cm (5")
- Cinta de enmascarar o cinta blanca
- Dos ganchos de copa (o acopados) de 1,3 cm (1/2")

INSTRUCCIONES PARA EL CORTE

Extienda ligeramente la manguera de desfogue y córtela de la misma longitud de la barra para cortina, incluyendo los retornos; deje una holgura cerca a los retornos y una apariencia no muy recogida. Corte una tira de tela de 29,3 cm (11 1/2") de ancho y otras dos del doble o triple de la longitud de la barra; la tira de tela, si lo requiere, puede ser añadida para lograr la longitud suficiente.

CORNISAS CON MANGUERAS DE DESFOGUE

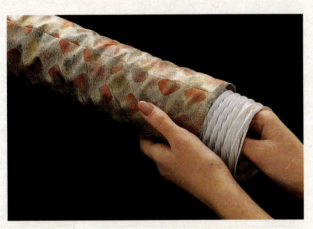

1 Cosa las tiras de tela, según se requiera. Doble la tira en dos mitades, en sentido longitudinal, con los derechos juntos; haga una costura de unión de 6 mm (1/4"). Voltee al revés y plánchela. Envuelva cinta alrededor de los extremos de los alambres dentro de la manguera de desfogue. Deslice la tela sobre la manguera de desfogue, dejando 2,5 cm (1") de tela extendidos por fuera de los extremos de la manguera; ajuste el plegado.

2 Doble los extremos del entubado de tela dentro de la manguera de desfogue; cosa a mano el doblez, cerciorándose de que agarra una hilera de alambre. Inserte la barra de cortina en la manguera forrada.

3 Instale los soportes (pág. 16) y coloque la barra. Coloque la manguera ya forrada que está sobre la barra de cortina, contra la pared, en el retorno; haga una marca leve en la pared al lado de la manguera.

4 Atornille el gancho acopado en la pared en el punto de la marca. Fije la manguera forrada en el gancho acopado, pinchando el vinilo de la manguera; así, la manguera se sostiene a ras contra la pared.

5 Si lo desea, forme esquinas angulares, comprimiendo la manguera forrada; pegue la tela adecuadamente en las esquinas con pegante caliente.

ARREGLOS FLORALES PARA ALTOS DE VENTANAS

A manera de complementación de unas sencillas cortinas de riel entubado o de embellecer una ventana sin ninguna ornamentación, se puede diseñar un arreglo floral para la parte superior de la ventana, hecho a la medida. El arreglo floral se convierte en una especie de cornisa que imprime una elegante apariencia. El arreglo se fija a un delgado listón de madera, forrado con cinta decorativa de papel. Si la ventana tiene arco, corte un listón de madera de 5 a 7,5 cm (2" a 3") de la misma forma del arco, en madera terciada

(triplex). El arreglo floral también se puede fijar a una barra o riel para cortina por medio de ganchos de cortina o atornillada en la pared a los lados del marco de la ventana.

Diseñe su propia cornisa con la aplicación de musgo, flores secas o de seda, ramas verdes decorativas de seda, varas de arbustos y cintas decorativas. O también puede preparar el listón y encargar el arreglo a una floristería; llévele al florista muestras de telas y pintura de su sala para que cree un arreglo armónico.

La hiedra de seda es el detalle dominante para este arreglo alto de ventana, de instalación a la pared; también se han aplicado ramitas y helechos de seda de dos clases diferentes.

Una variedad de flores de seda se aplicó para este arreglo alto de ventana, de montura en barra, que aparece a la derecha. Los verdes de seda, las ramitas y la cinta de alambre decorativo se han esparcido también por todo el arreglo.

Los atados de paja (pág. anterior), el trigo con aristas y otros vegetales secos, han sido utilizados para este arreglo instalado en la pared. Como realces, se aplicaron plumas de faisán y bayas agridulces.

MATERIALES

- Listón de madera de 5 cm (2"), puede ser en pino, cortado de la longitud de la barra para cortina; o listones de 5 a 7,5 cm (2" a 3") de triplex de 6 mm (1/4"), cortado para seguir la forma de la ventana, en un arreglo de pared
- Papel espiral, desenrollado
- Pistola de pegante caliente y aplicadores

- Musgo, flores secas, flores de seda, verdes de seda, ramitas y cinta, según se prefiera
- Alambre floral para arreglar los objetos más pesados
- Barra para cortina y ganchos para ajustar sobre el arreglo de instalación de barra; o tornillos de cabeza plana y anclas plásticas para el arreglo de instalación de pared
- Taladro, broca de 2,38 mm (3/32"), para arreglo de instalación en barra; broca de 3,8 mm (5/32"), para la instalación de pared

ARREGLO FLORAL PARA LOS ALTOS DE VENTANA (EN BARRA)

1 Envuelva la tabla con el papel espiral, fijándolo con pegante caliente.

2 Perfore los orificios para los ganchos de cortina; perfore el borde de la tabla con una broca de 2,38 mm (3/32") y con los orificios a intervalos de 25,5 a 30,5 cm (10" a 12").

3 Inserte los ganchos de cortinas en los orificios perforados.

4 Fije el musgo en el frente de la tabla con pegante caliente; el musgo oculta el papel y sirve a la vez de fondo de diseños.

5 Arregle las flores, hojas u otros detalles, a su gusto; para elaborar el arreglo que aparece aquí, empiece con las hojas para el fondo, luego agregue las flores dominantes. Extienda las flores, hojas u otros detalles más allá de los extremos de la tabla para dejar espacio a los retornos de la barra de cortina.

6 Complete el arreglo colocando más hojas y flores, según lo considere necesario. Fije las flores y hojas del arreglo con pegante de pistola. Arregle la cinta decorativa a su gusto, formando lazos u ojetes; pegue donde corresponda.

7 Coloque la cornisa en la barra de cortina. Para los retornos, fije el musgo a los extremos de la barra de cortina con cinta de doble adhesión; pegue y asegure con alambre las flores y hojas en su sitio.

ARREGLO FLORAL PARA LOS ALTOS DE VENTANA (EN PARED)

1 Siga el paso 1 anterior. Taladre los orificios para los tornillos de los extremos y centro de la tabla, con una broca de 3,8 mm (5/32"); se pueden llegar a necesitar otros tornillos si las ventanas son de mayor anchura.

2 Siga los pasos 4, 5 y 6 anteriores; no extienda las hojas y flores más allá de los extremos de la tabla al llegar al paso 5.

3 Atornille el triplex en la pared cerca del marco de la ventana, utilizando anclas plásticas (pág. 16).

BANDAS SUJETADORAS PARA CORTINAS

Las bandas sujetadoras para las cortinas han resultado ser un arreglo en boga para la decoración de ventanas. Con una caída suave, estas cortinas se llevan a los lados para enmarcar las ventanas y dejar penetrar la luz del día. Las bandas sujetadoras mantienen las cortinas en su sitio y le dan un toque de acabado al arreglo de la ventana; agregan color, textura e impacto a cortinas que de otro modo parecerían simples.

La posición de las bandas sujetadoras en las cortinas afecta la proporción de vidrio expuesto y el estilo del arreglo. Coloque las bandas decorativas en un nivel bajo si quiere ampliar visualmente una ventana; colóquelas en nivel alto si quiere agregar altura visual. Las posiciones más comunes son a uno o dos tercios de la altura de la ventana, aproximadamente, o en el caso de los arreglos de caída hasta el piso, en el vano de la ventana. Si se utilizan cortinas estilo bar por debajo de las cortinas con la banda decorativa sujetadora, éstas se colocan generalmente al nivel de las barras estilo bar.

Las bandas sujetadoras se aplican en cortinas inmóviles o fijas, debido a que es preciso arreglar cada cortina para que quede con pliegues uniformes. Para una instalación de gran acabado, use soportes para las bandas sujetadoras (pág. 15) por debajo de las cortinas a la altura de las bandas. Los soportes de las bandas se proyectan de la pared en una distancia igual al retorno de las cortinas para no desarreglar los pliegues del arreglo de la ventana.

Las bandas sujetadoras sobrias (pág. 106) son de sencilla elaboración y discreto estilo. Estas bandas se pueden elaborar en una tela o paño que haga juego con la cortina.

Los adornos tales como las cuentas de novedad le dan un caracter muy personal a una banda decorativa de estilo básico (pág. 106). Los adornos pueden ir cosidos o pegados.

Las guirnaldas, como bandas sujetadoras, enmarcan una vista de escena. Asegure con alambre los extremos de las guirnaldas o ganchos tendedores instalados en la pared.

Las bandas sujetadoras con borlas (pág. 106) son bandas de dos secciones, anudadas como corbata.

Las bandas sujetadoras trenzadas (pág. 107) elaboradas de cordones decorativos, confieren textura y atractivo a unas bandas estilo sobrio.

Los volantes y otros adornos creativos pueden arreglarse y anudarse de maneras poco convencionales.

Los adornos, como los cordones trenzados con borlas, resultan ser muy apropiados como bandas sujetadoras. En este caso se corrió una sección de cortina hacia el centro de la ventana para darle un toque de originalidad.

BANDA SUJETADORA DE ESTILO SOBRIO

MATERIALES

- Paño o tela decorativos livianos
- Entrepaño para fundir
- Argollas sujetadoras, dos por cada banda

INSTRUCCIONES PARA EL CORTE

Determine la longitud de acabado de las bandas sujetadoras midiendo alrededor de la cortina en el sitio donde se va a colocar. Corte una pieza de género para cada banda de la longitud de acabado más 2,5 cm (1") y el doble del ancho deseado más 2,5 cm (1"). Corte una pieza de entrepaño por cada banda, de la longitud y ancho de acabado de la banda.

1 Centre el entrepaño fundible sobre el revés de la pieza para la banda sujetadora; cósala. Doble la pieza para la banda por la mitad longitudinalmente, con los derechos juntos; haga una costura de 1,3 cm (1/2") en el borde largo, dejando de 7,5 a 10 cm (3" a 4") de abertura en la mitad de la costura. Abra la costura planchándola.

2 Centre la costura en la parte posterior de la banda; cosa a través de los bordes cortos a 1,3 cm (1/2"). Corte las esquinas en diagonal y los márgenes de costura en los extremos a 6 mm (1/4").

3 Voltee la banda por la abertura para que quede al derecho. Cosa con puntada invisible para cerrar la abertura. Fije las argollas de la banda en su revés, centrándolas en cada extremo.

BANDA SUJETADORA CON BORLAS

MATERIALES

- Género decorativo (paño o tela)
- Entrepaño fundible liviano
- Borlas pequeñas, dos para cada banda sujetadora de cortina
- Argollas sujetadoras, dos por cada banda

INSTRUCCIONES PARA EL CORTE

Mida alrededor de la cortina en el lugar donde quiere ubicar la banda para calcular la longitud requerida para envolver la cortina. Corte cuatro tiras de tela de 7,5 cm (3") por cada banda sujetadora, que deben tener la mitad de la longitud de acabado más 51 cm (20") para el nudo y cola. Corte dos tiras de entrepaño delgado (de poco peso) fundible por cada banda sujetadora, del mismo tamaño que las tiras de tela.

1 Centre el entrepaño fundible en el revés de la pieza de la banda sujetadora; fúndala en esa posición. Marque los lados de la banda a 7,5 cm (3") de un extremo. Corte el extremo de la banda para hacer una punta, iniciando desde las marcaciones hacia el centro del lado. Planche, en el otro extremo, una franja de 1,3 cm (1/2").

2 Cosa dos tiras con los derechos juntos de 1,3 cm (1/2"). Cosa los lados y el extremo rebajado de la banda, dejando la punta con 6 mm (1/4") sin coser. Corte el extremo angostado o rebajado, teniendo cuidado para no cortar demasiado cerca de la punta.

3 Voltee la banda sujetadora al derecho; planche. Inserte el cordón de la borla por la abertura en el extremo angostado, utilizando una aguja de ojo grande; cósalo a mano para fijarlo. Cierre el otro extremo con puntada invisible.

4 Haga dos secciones o piezas de bandas sujetadoras por cada banda. Fije las argollas de la banda por el revés de cada una de ellas, centrándolas cerca del extremo. Una vez fijadas en su sitio (ver más adelante), una las secciones de cada banda anudándolas como una corbata.

BANDA SUJETADORA TRENZADA

MATERIALES

- Género decorativo (paño o tela)
- Entrepaño fundible
- Cordón decorativo
- Argollas para la banda, dos por cada una

INSTRUCCIONES PARA EL CORTE

Calcule el largo de las bandas midiendo alrededor de la cortina en el sitio escogido para ubicarlas. Corte la tela y entrepaño como se indicó antes para la banda sujetadora de estilo sobrio. Corte cuatro tiras de cordón decorativo del doble de la longitud deseada para la banda sujetadora.

1 Cosa los cordones por los extremos, empalmándolos; con alfileres asegúrelos a una superficie acojinada, con los cordones extendidos. Trence el cordón derecho hacia la izquierda, pasando por encima del primer cordón, bajo el segundo y sobre el tercero.

2 Trence el siguiente cordón de la derecha, repitiendo la secuencia arriba, abajo, arriba. Continúe de esta manera hasta que el trenzado tenga 5 cm (2") más de longitud que la banda. Cosa el extremo tal como se indica en el paso 1.

3 Siga el paso 1, banda sujetadora estilo sobrio, descrito antes. Centre la costura en la parte posterior de la banda sujetadora; inserte la trenza en la banda. Centre la trenza en cada extremo corto; con los bordes bastos emparejados, cosa a 1,3 cm (1/2") a través de los extremos. Corte diagonalmente las esquinas; corte los márgenes de costura para que queden de 6 mm (1/4"). Termine la banda como en el paso 3, para las bandas sobrias. Coloque puntillas donde corresponda.

ASEGURADO DE LAS BANDAS SUJETADORAS

1 Sujete el extremo anterior de la banda en el gancho del soporte para la banda que se encuentra oculta. Pase los dedos verticalmente por los dobleces de cada pliegue, al tiempo que ajusta la cortina debidamente; empiece por el lado exterior.

2 Asegure el extremo exterior sobre el exterior del soporte de la banda. Ajuste la posición de la banda, mientras continúa con los dobleces de la cortina bajo la banda sujetadora hasta llegar al arreglo del borde inferior de la cortina.

JUEGOS DE PARALES DECORATIVOS

Con un juego de parales decorativos se le da un toque de acabado a los arreglos de ventanas. Los parales o maderas sin pulimento, los florones o remates y las argollas se pueden transformar en accesorios de acabado a la medida con sólo darles una capa de pintura con esponja o bañándolos con tinturas o cubriéndolos con tela.

Los parales inacabados, florones y argollas se pueden conseguir en una gran variedad de estilos.

1) Florones de bola forrados de tela y paral *(pág. 110): se pueden terminar al gusto para hacer juego con otros géneros y adornos de la sala.*

2) Florones de piña pintados a mano y pértiga: *elegantemente bañados de dorado con pintura metálica.*

3) Juego de pértiga de madera pintado con esponja *(pág. 110): fue pintado con esponjas marinas naturales. Se aplica con suaves toques en la madera, para crear una apariencia jaspeada e irregular.*

4) Florones pimpollo *(págs. 112 y 113): acompañados de pértiga o palo forrado de tela o paño (págs. 110 y 111) suavizan la apariencia del accesorio tradicional de madera.*

5) Juego de pértiga de madera con baño de tintura y anillos: *su acabado se aplica con una tintura de color, disponible en los almacenes de pinturas. Atienda las instrucciones del fabricante para la aplicación de la tintura.*

PINTURA CON ESPONJA EN PARALES, FLORONES Y ARGOLLAS

MATERIALES

- Esponjas naturales; use piezas de esponja de 5 cm (2")
- Imprimante para la madera sin acabado
- Pintura del color deseado para el fondo para la capa base y uno o dos colores de realce
- Bloque de espuma adecuada para apoyar los anillos de madera y los florones mientras se secan
- Papel periódico, para secar el exceso de pintura

1 Aplique el imprimante a la madera sin acabado. Aplique la capa de base del color deseado para el fondo; deje que se seque. Inserte la argolla o el tornillo del florón en la espuma a fin de apoyarla mientras se seca.

2 Enjuague la esponja con agua para suavizarla; exprímala. Moje suavemente la esponja en la pintura de color, sin sobrecargarla de pintura. Seque la esponja en papel periódico hasta que sólo deje una impresión tenue. Exprima la esponja suavemente sobre la superficie con un ligero toque; repita este paso para todo el proyecto. Cambie la posición de la esponja a fin de obtener impresiones irregulares y aplique más pintura a la esponja, según se requiera. Enjuague la esponja; deje secar la pintura.

3 Repita el esponjeado por segunda vez para acentuar el color.

PROCEDIMIENTO PARA FORRAR UN PARAL CON GENERO

MATERIALES

- Género decorativo
- Paral de madera
- Soportes de montaje o ménsulas diseñadas para utilizar en barras
- Pegante para género
- Tachuelas o grapadora y grapas para trabajo pesado

INSTRUCCIONES PARA EL CORTE

Para parales de 3,5 cm (1 3/8") corte la tela decorativa igual a la circunferencia de la barra recomendada más 3,8 cm (1 1/2") y de la longitud del paral. Para los parales o pértigas de 5 cm (2") de diámetro, corte la tela con la circunferencia de la barra más 4,5 cm (1 3/4") y con la longitud del paral.

1 Sostenga el paral firmemente contra la mesa; con un lápiz tendido en la mesa, trace una línea en el palo.

2 Engrape o asegure con tachuelas un borde de la tela al paral, con el borde basto alineado con la línea trazada.

3 Envuelva ajustadamente la tela en el paral. Doble el borde basto; engrape o fije con tachuelas adecuadamente. Aplique pegante alrededor del extremo del paral; adhiera la tela. Deje secar el pagante.

PROCEDIMIENTO PARA FORRAR UN FLORON DE BOLA

MATERIALES

- Florones de bola que se ajusten al diámetro del paral
- Tela decorativa
- Cordón trenza u otro adorno similar
- Pegante para géneros; bandas de caucho

INSTRUCCIONES PARA EL CORTE

Mida la bola del florón desde el remate de la bola hasta el cuello **(a)**; corte un círculo de tela para cada florón, con un radio de 2,5 cm (1") más grande que la medida que tomó anteriormente.

Mida la porción de la corona del florón desde el cuello hasta la base **(b)**; corte un círculo de tela para cada florón con un radio 2,5 cm (1") mayor que la medida mencionada.

1 Centre la bola del florón en el círculo de tela para la porción correspondiente a la bola; envuelva la tela alrededor del florón hasta el cuello. Fije la tela al cuello con una banda de caucho, ajustando uniformemente el plegado; corte la tela a 1,3 cm (1/2") por dentro de la banda de caucho.

2 Perfore el centro del círculo de tela para la porción de la corona; enrolle la tela sobre el tornillo. Fije el florón al paral.

3 Aplique pegante alrededor del cuello del florón. Envuelva el círculo de tela alrededor del cuello, y sujételo con otra banda de caucho y ajuste uniformemente los frunces. Deje secar el pegante. Corte la tela cerca a la banda de caucho. Cubra la banda de caucho con cordón, trencilla u otro adorno.

MATERIALES

- Florones decorativos que se ajusten a un paral de 3,5 cm (1 3/8") de diámetro
- Tela decorativa
- Espuma de poliuretano, de 6 mm (1/4") de grosor
- Pegante para género
- Cinta autoadhesiva de ganchos y presillas

INSTRUCCIONES PARA EL CORTE

Para elaborar un par de florones, corte un cuadro de 26,8 cm (10 1/2") y dos rectángulos de 30,5 x 38 cm (12" x 15") en tela decorativa; corte dos tiras de tela de 7,5 x 25,5 cm (3" x 10") con un borde a lo largo del orillo. Corte un cuadrado de espuma de 25,3 cm (10 1/2"). Doble por la mitad en diagonal los cuadros de tela y espuma; corte por el doblez para formar dos triángulos de cada corte.

1 Envuelva el triángulo en el florón; sujete con alfileres. Corte los lados para formar el florón.

2 Cosa los bordes del lado de la espuma. Empareéjela con el borde inferior del florón.

3 Doble por la mitad del triángulo de tela, emparejando los bordes bastos. Marque la línea del doblez a 3,2 cm (1 1/4") del ángulo de 45º. Marque el borde basto a 6,5 cm (2 1/2") del mismo ángulo. Trace una línea curva que conecte las dos marcas; corte a lo largo de dicho trazo.

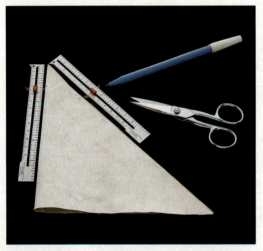

4 Cosa 6 mm (1/4") a lo largo del borde curvado; corte para que quede de 3 mm (1/8").

5 Voltee el pimpollo al derecho; encájelo en el florón, tirando de la tela para tensarla sobre la espuma. Ajuste la línea de costura volviéndola a coser, si fuere necesario, para conseguir un perfecto ajuste. Corte el borde inferior de la tela para que el borde basto se extienda 2,5 cm (1") más allá del florón.

6 Doble el borde inferior de la tela hacia el fondo del florón, ajustando los frunces uniformemente; fíjelo con pegante para tela.

7 Doble por mitad el rectángulo de 30,5 x 38 cm (12" x 15"), en sentido longitudinal; plánchelo suavemente. Coloque un borde doblado encima, de 3,8 cm (1 1/2"); sujete los extremos del doblez con alfileres, sin planchar. Mida en el borde inferior 10 cm (4") desde los extremos cortos; marque la medición. Trace una línea curva en los lados desde la marca hasta el borde doblado; corte por la línea..

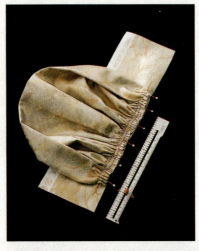

8 Cosa dos hileras de puntadas de fruncido a lo largo de la curva, 1 cm (3/8") al interior de los márgenes de costura. Frunza el 'pétalo' para que quede de aproximadamente 14 cm (5 1/2").

9 Coloque el pétalo, con el lado doblado por encima, sobre el derecho de la tira de tela de 7,5 x 25,5 cm (3" x 10"), dejando el pétalo a 3,8 cm (1 1/2") de uno de los extremos cortos de la tira y con los bordes bastos emparejados. Haga una costura de 1 cm (3/8").

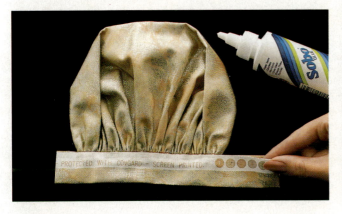

10 Planche el margen de costura en dirección hacia la tira de tela. Doble hacia adentro los extremos en 1,3 cm (1/2"); planche. Doble longitudinalmente la tira, juntando los reveses y con el orillo justo por debajo del borde superior doblado. Fije los bordes con pegante para tela.

11 Coloque la cinta adhesiva de ganchos y presillas sobre el lado de la tira de tela, centrado cerca de un borde. Atornille el florón sobre la pértiga. Envuelva el pétalo y la tira de tela en el pimpollo; coloque el lado de las presillas de la cinta sobre la tira de tela, alineada bajo el lado de los ganchillos de la cinta.

INSTALACION DE UN PARAL DECORATIVO CON FLORONES

12 Ajuste el florón de modo que la costura del pimpollo quede en la parte posterior del paral. Envuelva el pétalo alrededor del paral; el solapamiento de la tira de tela quedará en la parte posterior del paral decorado.

Fije los soportes de montaje a la pared o al marco de la ventana, utilizando pernos de expansión o tornillos de ranura sencilla (pág. 16). Fije los tornillos al paral decorado, con la misma separación que las aberturas de los agujeros de la chaveta de los soportes. Coloque el paral decorado sobre los soportes de montaje.

Alternativas
en el arreglo
de ventanas

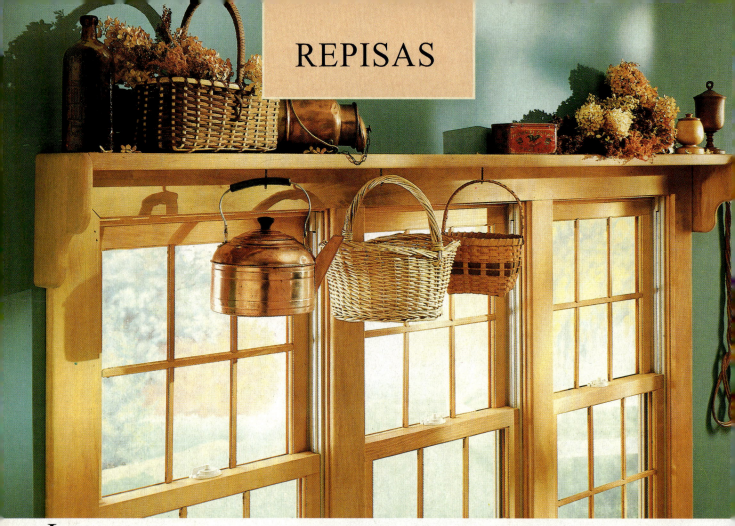

REPISAS

Las repisas pueden suspenderse por encima de las ventanas para crear novedosos arreglos de los altos de la ventana. Frente a una ventana se pueden utilizar como vitrinas para exhibir plantas o colecciones; pueden aplicarse como único arreglo o en conjunción con otros.

Las repisas y soportes de montajes decorativos vienen en diferentes estilos, en los que se incluyen de vidrio, los laminados y las maderas duras. Atienda las instrucciones del fabricante relativas al montaje de los soportes o ménsulas de la repisa, ya sean de instalación para marcos de ventana o para pared.

Para elaborar repisas con especificaciones propias, dele un acabado a las repisas de madera con tintura o pintura que haga juego con el marco de la ventana. O coloque ganchos o clavijas a las repisas.

Esta repisa de madera teñida (foto superior) se instaló en la parte alta de la ventana, con los soportes en la pared adyacentes al marco de la ventana. Se colgaron canastas bajo la repisa a fin de dar un aspecto ecléctico. Para reproducir este arreglo fije ganchos grandes a la base de la repisa.

Estas repisas de vidrio se utilizan para la exhibición de una colección de botellas decorativas. Corte las repisas para que queden rebajadas o con nicho en la ventana, si así lo prefiere.

Esta repisa pintada se instaló sobre una cenefa utilizando cinta de adaptación (pág. 83). Corte la repisa de la misma profundidad que la saliente de la barra de cortina e instale los soportes de la repisa de manera que queden ocultos bajo la cenefa.

Un paral o pértiga decorativa de madera puede utilizarse para colgar flores y yerbas secas o a manera de barra de cortina. Taladre orificios en los costados de los soportes de madera de la repisa e inserte una pértiga de madera o una clavija por los orificios.

POSTIGOS

Desde hace mucho tiempo, los postigos son un arreglo popular para ventanas, que le dan un encanto a cualquier marco de ventana. Los postigos con plegado de acordeón se pueden aplicar virtualmente en cualquier ventana, incluyendo las puertas corredizas de vidrio. Proporcionan privacidad, además de que se abren de par en par para exponer todo el ancho de la ventana. Los postigos provistos de celosías de ventilación brindan un mayor control sobre la luz que la mayoría de los arreglos de ventanas.

A fin de garantizar un ajuste perfecto, se recomiendan los postigos hechos a la medida por un profesional en la materia. Adquiéralos sin acabado en caso de que desee pintarlos o teñirlos para que armonicen con su decoración.

Otra opción para lograr un toque de atractivo, es la de pintar los postigos o "bañarlos" con una tintura de color. Una alternativa más es la de darles un acabado para que hagan juego con uno de los géneros de la sala, a cambio de armonizar con el marco de la ventana.

Los postigos puramente decorativos (pág. anterior) funcionan como tableros decorativos. En este caso, se tiñeron con tintura de color, según las instrucciones del fabricante.

Los postigos pintados que aparecen aquí hacen juego con los textiles de la sala.

Los postigos de plegado de acordeón se pueden aplicar a las puertas corredizas de vidrio con el ánimo de brindar privacidad.

Los postigos con intercalados pueden ser de cortina de entubado o de papel tapiz. Para los primeros, instale el corte del textil utilizando barras pequeñas montadas por detrás del postigo; tenga en cuenta dejar dobladillos angostos laterales y una franja superior para la cortinita de 1,3 cm (1/2"), con el fin de evitar un boquete de luz por cualquier lado. Para los intercalados de papel tapiz aplique el papel a un cartón grueso, córtelo más grande que el espacio de abertura en el marco de los postigos; engrape el cartón cubierto a la parte posterior de los postigos.

VITRALES DE IMITACION

Imite un vitral tradicional por medio de una pintura especialmente diseñada para tal propósito. Los diseños se delinean con un líquido de imitación de emplomadura para luego completarlos con la pintura para vitral. Ornamente la ventana totalmente con vitrales de imitación o enmarque una ventana con un diseño orlado. A fin de lograr una apariencia coordinada, aplique orlas afines a las ventanas, de diferentes tamaños y formas.

Esta técnica es aplicable sólo bajo techo y no está destinada a ventanas en áreas de humedad excesiva. No aplique pinturas para vitrales a ventanas en las que se condensa la humedad. Los diseños de vidrios de color pueden quitarse levantando un borde con un cuchillo para cartón y desprendiendo todo el diseño de la ventana.

Para los motivos del diseño utilice las hojas de patrones para vitrales (llamados también vidrios de color) o realice sus propios motivos basado en patrones bordados o en libros de arte como fuente de ideas. Se pueden adaptar los patrones a una ventana en particular con la ampliación de los diseños en una fotocopiadora o modificando el tamaño del orlado o bordes decorativos.

Evite el uso de tiras autoadhesivas de plomo, pues los niños pueden quitarlas fácilmente y resultan tóxicas. La emplomadura líquida de imitación que se menciona en el procedimiento descrito más adelante no contiene plomo.

Para facilitar el trabajo recomendamos laborar sobre una mesa sin vidrio. Si es necesario, el trabajo se puede realizar verticalmente. Atienda las instrucciones del fabricante relativas a las condiciones recomendadas para su aplicación.

MATERIALES

- Pintura para vidrio de color y emplomadura líquida de imitación, que se pueden comprar en tiendas de manualidades y artesanías
- Papel carbón o papel grafito que no se corra
- Cinta de enmascarar; palillos para dientes; paño que no deje pelusa
- Envoltura plástica

CONSEJOS PARA LA ELABORACION DE VITRALES

Limpie y seque por completo la ventana antes de aplicar la emplomadura líquida. Desprenda mugre, grasa o huellas dactilares, con un paño libre de pelusa.

Seleccione un diseño sencillo para su primer proyecto. Resulta mucho más complicado aplicar emplomadura líquida de imitación en áreas pequeñas e intrincadas.

Aplique los colores más oscuros en secciones de diseño pequeñas a fin de lograr un cubrimiento de mejor calidad. O aplique una segunda mano de pintura, de ser necesario.

Mezcle las pinturas para vitrales o vidrio de color a fin de obtener una gama más variada de colores.

Ensaye los colores que se propone utilizar y practique la técnica antes de iniciar un proyecto extenso.

Esta ventana rebajada resulta ser un espectacular punto focal, decorada con vidrio de color de imitación.

El vidrio de color de imitación es de fácil elaboración siguiendo los pasos descritos en las págs. 122 y 123. Primero, se aplica la emplomadura líquida de imitación; a continuación se aplica la pintura de vidrio de color para completar las áreas de diseño. Al secarse, la pintura se aclara y da destellos.

1 Cubra el área de trabajo; proteja los bordes de madera con cinta de enmascarar. Coloque el patrón bajo el vidrio y fíjelo con cinta.

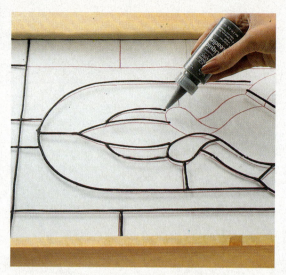

2 Exprima el frasco o tubo de emplomadura líquida con una presión uniforme y manteniendo la punta del frasco por encima de la superficie de vidrio, aplique sobre éste una 'vena' de emplomadura a lo largo de las líneas del diseño. Reduzca la presión al final de la línea de diseño y haga descender la punta hasta la superficie.

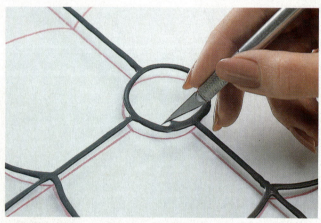

3 Deje secando la emplomadura por lo menos durante 8 horas. Ya seco, se le pueden cortar las irregularidades con un cuchillo para cartón o bisturí; vuelva a aplicar la emplomadura, según sea necesario.

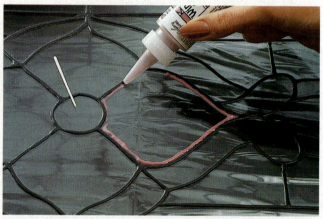

4 Aplique la pintura al vidrio directamente de los tubos, empezando por las áreas delineadas de diseño. Cerciórese de que la pintura sella el borde y la emplomadura para que no haya claros de luz; utilice palillos de dientes, de ser necesario, para completar las esquinas y los bordes. (La pintura tiene una consistencia lechosa cuando está fresca).

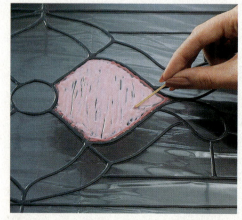

5 Siga aplicando pintura dentro de la sección de diseño, dando pasadas de ida y vuelta; utilice palillos de dientes para distribuir mejor la pintura y eliminar las burbujas. Se pueden dejar algunas burbujas para lograr un efecto más auténtico.

6 Aplique la pintura a las demás secciones. Deje secar la pintura atendiendo las instrucciones del fabricante relativas al tiempo de secado. Para intensificar los colores, se podrán aplicar capas adicionales de pintura. Deje transcurrir una semana como mínimo para que el proyecto seque antes de proceder a limpiarlo. Entonces se podrá limpiar el vitral de imitación utilizando un paño suave.

1 Trace varias líneas en una hoja tamaño oficio; colóquelo sobre un cartón y cúbralo con una hoja de envoltura plástica. Aplique emplomadura líquida tal como se indicó en el paso 2 anterior, siguiendo el trazado de las líneas en el papel. Deje secando la emplomadura por 72 horas.

2 Proteja la madera con cinta de enmascarar y papel periódico. Calque el patrón utilizando papel grafito o pegue el patrón con cinta en el exterior del vidrio. Corte cualquier irregularidad de la emplomadura. Desprenda las venas de emplomadura del plástico y aplíquelas al vidrio, siguiendo las líneas del diseño; no estire las venitas de emplomadura.

3 Una venas o tiritas de emplomadura según se requiera. Corte las líneas de intersección con un bisturí o cuchilla para cartón de manera que las venas empalmen bien. No las superponga.

4 Llene cualquier claro entre las venas de emplomadura y de ser necesario, retoque utilizando emplomadura líquida. Deje secando la emplomadura por 8 horas al menos, antes de aplicar pintura.

5 Aplique pintura, siguiendo los pasos 4 a 6, para el método horizontal, trabajando desde las partes superiores a las bajas; procure que la pintura no se corra.

VIDRIO GRABADO

Embellezca sus vidrios con una apariencia propia por medio del grabado. Un sutil diseño llama la atención hacia una vista hermosa o realza una moldura especial. El grabado es el único arreglo que no se utiliza para todas las ventanas. Según el diseño usado para el grabado, se logra un efecto de fines de siglo o uno contemporáneo.

La crema para grabar, que se consigue en las tiendas para manualidades y artesanías, se aplica sobre un estarcido (o esténcil) para crear un vidrio grabado. Es posible diseñar un estarcido propio, cortado en vinilo autoadhesivo; los diseños elaborados para los vidrios de color y para bordados pueden ser muy apropiados para inspirar sus propios estarcidos. Se tiene la opción, igualmente, de utilizar estarcidos para grabado precortados. En caso de que utilice los precortados, aplique el estarcido y grabe el vidrio según las instrucciones del fabricante. El tiempo que dure el grabado en el vidrio varía dependiendo del tipo de estarcido que se aplique.

Para resultados óptimos utilice un diseño sencillo en el que sólo tenga que grabar áreas pequeñas.

Practique en un pedazo de vidrio antes de grabar una ventana, con el fin de familiarizarse con la técnica.

El grabado se puede aplicar tanto en la superficie interior como en la exterior de la ventana. Dado que resulta menos complicado trabajar un vidrio que esté apoyado sobre una mesa, es mejor retirar el vidrio o la ventana entera, de ser posible. En caso de que no se pueda quitar el vidrio o la ventana, el grabado se puede realizar de manera vertical.

Antes de aplicar el estarcido limpie y seque completamente la ventana con un paño que no deje pelusa y elimine cualquier suciedad, grasa o huellas. Igualmente, disponga la manera de enjuagar el proyecto. Enmascare las áreas de marcos de madera o de paredes que son susceptibles de entrar en contacto con el agua del enjuague, lo mismo que las áreas del vidrio que no quedan protegidas por el estarcido. En caso de que vaya a trabajar verticalmente el vidrio, adhiera con cinta un plástico protector a la ventana por debajo del área de diseño que se va a grabar. Colóquele un plástico protector al cubo grande y deje que baje el agua del enjuague por el plástico protector.

MATERIALES

- Estarcidos precortados o vinilo o cinta autoadhesiva
- Crema de grabado; cepillo de cerdas suaves
- Papel carbón o papel grafito que no se corran
- Cinta de enmascarar; plástico protector para goteos
- Paños (o trapos en desuso) libres de pelusa; guantes de caucho

Un diseño de bordes grabados decora una ventana sin obstruir la vista.

Este diseño de rejilla grabada, interrumpido con motivos florales, le da a esta ventana estilo marquesina un aspecto escarchado.

Los motivos grabados (pág. anterior) ornamentan las puertas arqueadas francesas para darle al patio una elegante salida.

ESTARCIDO PRECORTADO DE GRABADO

Estarcido adhesivo.
Separe el estarcido de la hoja de forro y colóquela con el lado adhesivo en contacto con el vidrio. Deje reposar de 5 a 10 minutos el adhesivo para que se afirme. Retire la hoja superior y siga los pasos 4 y 5 que se describen a continuación.

Estarcido para raspar.
Fije el estarcido o esténcil provisionalmente con cinta de enmascarar. Raspe todo el estarcido uniforme afirmando bien el aplicador de madera pero sin hacer mucha presión para transferir el estarcido al vidrio. Retire la hoja superior cuidadosamente y cerciórese de que el estarcido haya quedado totalmente adherido.

APLICACION DE UN ESTARCIDO DE DISEÑO PROPIO

1 Corte vinilo autoadhesivo 5 cm (2") más grande que el diseño. Desprenda el forro del papel y pegue el vinilo a la ventana haciendo presión para eliminar posibles burbujas de aire. En caso de que se precise más de segmento de ancho de vinilo, superponga los bordes 1,3 cm (1/2"). Deje reposar el adhesivo de 5 a 10 minutos a fin de que se afirme bien.

2 Coloque, con el papel carbón o papel grafito por debajo, el diseño sobre la ventana; fíjelo con cinta. Delinee el diseño sobre el vinilo.

3 Corte alrededor del diseño las áreas que se van a grabar, utilizando un bisturí o cuchilla para cartón, aplicando sólo la presión suficiente para traspasar el vinilo. No corte en las esquinas, más allá del punto de intersección de las líneas.

4 Retire el vinilo de las áreas del diseño que deben grabarse, con el bisturí, con el objeto de levantar un poco el borde del vinilo.

5 Presione firmemente todos los bordes cortados del vinilo, utilizando un trapo que no deje pelusa.

1 Cubra el marco de madera, las paredes o cualquier área del vidrio que no quede protegida por el estarcido, con cinta de enmascarar o con un plástico protector.

2 Aplique una gruesa capa de crema para grabar por toda el área de diseño, con los guantes de caucho puestos y usando una brocha de cerdas suaves. Si se trata de estarcidos de diseño propio, la crema para grabar debe reposar de 6 a 10 minutos sobre el diseño; para los estarcidos precortados siga las instrucciones del fabricante. En tanto que la crema actúe, remueva suavemente la crema con la brocha para asegurarse de que no queden burbujas de aire o áreas sin cubrir.

3 Enjuague completamente el diseño a fin de eliminar toda la crema de grabar, aplicando el enjuague desde arriba hacia abajo; utilice la brocha para eliminar apropiadamente la crema, teniendo cuidado de no rasgar el estarcido. Evite que el agua de enjuague moje o salpique el ventanal o las paredes.

4 Seque el área con suaves toques, utilizando un paño que no suelte pelusa. Desprenda el estarcido o esténcil.

GLOSARIO

Ahusado:
De forma de huso, adelgazarse las cosas.

Avellanar:
Ensanchar los agujeros que se abren para los tornillos o clavos, a fin de que entre su cabeza por la pieza taladrada.

Calicó:
Tela de algodón de confección vaporosa.

Celosías:
Enrejado de listones que se pone en las ventanas para impedir la vista desde afuera y que sí permite ver desde adentro.

Cenefa:
Banda o tira sobrepuesta o tejida en los bordes de las cortinas, cubrecamas, etc.

Cuentas o abalorios:
Cada una de las bolitas de vidrio o madera con que se ensartan rosarios o adornos.

Chaveta:
Clavo, clavija o pasador que, encajado en un agujero, impide que se separen las cosas que une a modo de pernio.

Embastar:
Coser con puntadas de hilo fuerte la tela que se va a bordar, hilvanar.

Engrudo:
Masa de harina o almidón desleída en agua que sirve para pegar papeles y cosas ligeras.

Florón:
Ornamento en forma de flor que se coloca en algunas cosas para darles realce.

Fruncido:
Recogidos de paños o telas, haciendo en ellos arrugas pequeñas.

Imprimar:
Preparar las cosas que se han de pintar o teñir alisando su superficie.

Inglete:
Angulo de cuarenta y cinco grados que forma el corte de dos piezas que se han de unir o ensamblar.

Ménsula:

Elemento arquitectónico que sobresale de un plano vertical y sostiene algo.

Segueta:

Sierra empleada en oficios varios de marquetería y trabajos pequeños de ebanistería.

Traslape:

Cubrir una cosa con otra, de un modo más o menos completo.

Triplex:

Láminas de madera prefabricada empleadas en trabajos de ebanistería.

Vano:

Hueco de una abertura en un muro, una pared o en una ventana.

INDICE

CY DECOSSE INCORPORATED
Chairman: Cy DeCosse
President: James B. Maus
Executive Vice President:
  William B. Jones

CREATIVE WINDOW TREATMENTS
Created by: The Editors of
  Cy DeCosse Incorporated.

Executive Editor: Zoe A. Graul
Technical Director: Rita C. Opseth
Project Manager: Linda Halls
Senior Art Director: Lisa Rosenthal
Writer: Rita C. Opseth
Editors: Janice Cauley, Bernice Maehren
Sample Coordinator: Carol Olson
Technical Photo Director: Bridget Haugh
Photo Stylists: Patrice Dingmann,
  Coralie Sathre

Styling Director: Bobbette Destiche
Fabric Editor: Joanne Wawra
Research Assistant: Lori Ritter
Sewing Staff: Phyllis Galbraith, Bridget
  Haugh, Sara Macdonald, Linda
  Neubauer, Carol Olson, Carol Pilot,
  Nancy Sundeen
*Director of Development Planning
  & Production:* Jim Bindas
Photo Studio Managers: Cathleen
  Shannon, Rena Tassone
Lead Photographers: John Lauenstein,
  Mette Nielsen
Photographers: Rex Irmen, Mark
  Macemon, Paul Najlis, Mike Parker,
  Dave Brus, Chuck Neilds, Marc
  Scholtes
Production Manager: Amelia Merz
Production Staff: Adam Esco, Joe Fahey,
  Peter Gloege, Melissa Grabanski, Eva
  Hanson, Jeff Hickman, Paul Najlis,
  Mike Schauer, Linda Schloegel, Nik
  Wogstad
Prop & Rigging Supervisor: Greg Wallace
Scenic Carpenters: Tom Cooper, Jim
  Huntley, Wayne Wendland

Consultants: Pamela Damour, Joyce
  Eide, Kathy Ellingson, Amy Engman,
  Roseann Fairchild, Wendy Fedie,
  Maureen Klein, Donna Whitman
Contributors: Armour Products; Coats &
  Clark Inc.; Conso Products Company;
  Dritz Corporation; Dyno Merchandise
  Corporation; Gosling Tapes; Graber
  Industries, Inc.; Kirsch; Marvin Windows,
  Inc.; Murtra Industries, U.S.A.; Sheridan;
  The Singer Company; Swiss-Metrosene,
  Inc.; Waverly, Division of F. Schumacher
  & Company